CANCELL(

MW00508987

—

AGENDA 21 SCOPERTA

L'élite Globalista e Big Pharma Smascherati!

Vaccini - Il Grande Reset - Crisi Globale

2030-2050

La Verità Trapela Libri

Disclaimer

Mettere in scena la pandemia

Ciò che il mondo vive attualmente è probabilmente la più grande menzogna della storia umana fino ad oggi! Ma perché questa bugia funziona così perfettamente? È importante sapere che è stata preparata da molto tempo.

Partiamo dalla radice, alla quale quasi nessuno si avvicina, il cosiddetto virus stesso. La parola virus è stata introdotta da Louis Pasteur e viene dal latino, significa veleno.

La parola veleno nel mondo è neutra, quindi non è il virus, ma piuttosto il virus. Già qui inizia la manipolazione, perché ufficialmente si dice e si scrive il virus, per deviare dall'origine, quindi la parola veleno, perché questo potrebbe far sorgere delle domande.

Ora si suppone che un virus sia un essere non vivente, che non ha un nucleo cellulare, quindi non è un organismo unicellulare, e si suppone che non abbia un metabolismo. Tuttavia, un tale virus dovrebbe avere informazioni genetiche e anche molecole proteiche.

Ma dove si trova sempre l'informazione genetica, cioè il DNA? Esatto, nel nucleo della cellula. Ma solo negli organismi unicellulari con un nucleo cellulare, cosa che un virus non è. Passiamo alle proteine.

Una proteina può essere formata esclusivamente da un organismo complesso che ha un metabolismo, questo è un fatto biologico inconfutabile, nemmeno una singola cellula può formare una proteina.

Allora, da dove prende questo essere non vivente chiamato virus questa proteina che si suppone attacchi le nostre cellule per riprodursi? Quindi una completa impossibilità.

Finora nessuno è stato in grado di mostrare un virus, tutte queste belle immagini di presunti virus sono ovviamente dei falsi. Quindi c'è una frode! Fate qualcosa, poi sarete condannati.

A proposito, tutte le cosiddette malattie dei bambini e altre malattie hanno altre cause, i fatti al riguardo possono essere richiesti con piacere da me.

Dall'invenzione delle vaccinazioni, questa favola dei virus ha portato profitti inimmaginabili ai produttori di vaccini. Questa favola poteva reggersi da sola, perché anche i politici ne hanno approfittato e oggi più che mai.

Gli statisti onesti, che non giocano a questo gioco, vengono eliminati, come recentemente il presidente della Tanzania.

Sapevate, per esempio, che il ministro della salute tedesco, Jens Georg Spahn, ha fondato una società di lobby per l'industria farmaceutica e sta "guadagnando" pesantemente da questa produzione?

O sapevate che il primo ministro bavarese Markus Söder è coinvolto in un'azienda che produce queste maschere e che sono poi sovrastimate dai soldi dei contribuenti acquistati di preferenza?

Questo continua a livello internazionale in modo tale che non esiste un solo politico, in posizione prominente, che non abbia vantaggi finanziari in questa produzione di Corona. Inoltre, ci sono altri fondi che sono forniti direttamente dall'industria farmaceutica, per così dire. Un politico corrotto è un buon politico, almeno per quelli interessati alla continuazione di questo gioco.

Già in precedenza, l'idea di un'epidemia è stata provata diverse volte, per così dire come test per vedere se l'umanità avrebbe seguito obbedientemente.

Tra l'altro, anche questa messa in scena dell'AIDS era un test di questo tipo. Ora l'AIDS e molte altre "malattie" ovviamente non esistono più, ora si ha Corona.

Ma già con questa messa in scena dell'AIDS la gente dovrebbe aver notato che è solo una messa in scena.

Il cosiddetto virus HIV è stato presentato in modo tale che si supponeva risiedesse esclusivamente nell'addome, per così dire, perché si è sempre detto che si può bere dalla stessa tazza di caffè che usa un malato di AIDS.

Questo virus dell'HIV si è diffuso esclusivamente attraverso il rapporto sessuale, non ha mai lasciato la persona infetta attraverso qualsiasi altro modo, un virus ben addestrato che è.

Naturalmente, le persone non morivano a causa del virus dell'HIV, ma a causa dei farmaci che gli venivano somministrati, perché questi causavano un crollo totale del sistema immunitario. Anche alcune celebrità sono state sacrificate per rendere questa favola più credibile. I cosiddetti test dell'AIDS, naturalmente, non cercavano un virus, perché non si può trovare qualcosa che non esiste.

Questi test rilevavano solo la presenza di residui cellulari nel sangue, cioè i nostri stessi componenti. Quindi se il nostro sistema immunitario lavorava di più, questo test trovava più componenti. Quindi un paradosso pazzesco, persone con un sistema immunitario ben funzionante sono state classificate come infette da una malattia da immunodeficienza. Potrebbe diventare più folle?

I test di Corona di oggi funzionano fondamentalmente allo stesso modo. Si tratta di due cose, da un lato si tratta di trasformare le persone in consumatori non pensanti per generare da loro il maggior profitto possibile, questo è riuscito, si compra e si butta via come se non ci fosse un domani.

D'altra parte è già da molto tempo sulla riduzione della popolazione, perché meno umani possono essere controllati meglio e tutti i Mitesser dall'amministrazione del bestiame utile, perché come che le grandi industrie vedono gli umani, diventano anche meno.

Tutto questo è iniziato già molto tempo fa. Le vaccinazioni, già dei neonati e dei bambini piccoli, che sono state effettuate anche come vaccinazioni multiple, hanno il solo senso di distruggere il solo sistema immunitario in via di sviluppo già in questa fase.

Gli ingredienti tossici dei sieri dei vaccini, soprattutto l'alluminio, distruggono soprattutto i neuroni del cervello.

Il risultato lo vediamo oggi molto chiaramente, l'umanità non riesce più a pensare in modo logico e razionale, quindi non riconosce tutti i fatti. A proposito, per poter determinare perfettamente lo stato di decadimento mentale, sono state introdotte le maschere facciali. Non ci potrebbe essere un test migliore e più esatto sullo stato mentale, perché le maschere sono molto evidentemente riconoscibili.

I presunti virus, naturalmente, entrano nel corpo solo attraverso il naso e la bocca, mai attraverso gli occhi e le orecchie. Inoltre non si posano sui vestiti, non sui prodotti, non sui soldi, non sui mobili ecc. e anche gli animali selvatici non sono disturbati dai virus.

L'ulteriore scopo delle maschere è un ancor più rapido mutismo dell'umanità, perché attraverso le maschere l'organismo riceve troppo poco ossigeno, la conseguenza è una sottoalimentazione del cervello e più neuroni muoiono.

Tutto sommato, un piano perfetto, anche se perfido, che ora sta funzionando brillantemente. Perché tutti questi "esperti", soprattutto biologi, che lo saprebbero, stanno al gioco di questa frode?

Ho parlato con alcuni di loro, lo dicono onestamente, cioè che altrimenti perderebbero il loro lavoro e la loro carriera sarebbe finita. Naturalmente è così e le diffamazioni, anche con la famosa parola "teorico della cospirazione", seguiranno.

Tuttavia, non possiamo capire queste persone, perché evidentemente non capiscono che il loro futuro e soprattutto quello dei loro figli è così segnato.

Forse anche questi "esperti" non sono più in grado di applicare questa logica. Non voglio trascinare troppo questo testo, anche se ci sono molti altri fatti. Ma chiunque sia interessato è il benvenuto a contattarmi.

Stiamo lottando contro questi diabolici intenditori di questo spettacolo, siamo già stati in grado di ottenere molti successi.

Se restiamo fermi, i nostri figli andranno verso un futuro molto buio, se sarà loro "permesso" di vivere, secondo la volontà di questi pazzi.

Tabella dei contenuti

Disclaimer 1

Mettere in scena la pandemia 2

Tabella dei contenuti...8

L'inizio di una dittatura? 10

La Grande Depressione 2022?...14

Incolpare la Cina? 18

Le radici del grande reset...26

Il vero fondatore..32

La rivoluzione manageriale 37

Orwell & Burnham..42

L'inizio del Grande Reset?...46

Il Grande Reset: Collettivismo oligarchico. 62

La Grande Narrativa 2021 65

Agenda 21 73

Sviluppo sostenibile..75

Forum economico mondiale 81

Tecnocrazia 87

Transumanesimo...91

Corporativismo a carbonio zero..95

Il nostro futuro 105

Affari loschi in Europa? 111

L'inizio di una dittatura?

Se credete alla politica e ai media mainstream, il mondo tornerà alla normalità nel 2022. Le vaccinazioni di massa ordinate aiuteranno a contenere la pandemia, saremo tutti autorizzati a lavorare e a muoverci liberamente come prima, e l'economia si riprenderà dopo la recessione del secolo.

Tuttavia, questo scenario ottimistico non è solo improbabile, ma purtroppo impossibile. L'anno 2021 segna una svolta decisiva nella storia dell'umanità. È stata determinata dal complesso digitale-finanziario, guidato dalle più grandi società informatiche del mondo, dal gestore patrimoniale BlackRock e dalle banche centrali.

Questo triumvirato, che ha dominato gran parte del mondo dall'inizio del millennio, ha ampliato il suo potere nel 2021 in un modo inimmaginabile e sicuramente continuerà a lavorare per prendere il controllo completo dell'umanità nel 2022.

Lo strumento su cui il complesso digitale-finanziario si basa per fare questo è l'allarmismo. L'anno scorso, ha usato una malattia come un'opportunità per mettere tutta l'umanità in uno stato di emergenza e per spingere spietatamente la propria agenda. Questa è: controllo totale attraverso la digitalizzazione e la parziale privatizzazione del denaro.

Il 2020 ha finalmente dimostrato che la politica, i media più influenti e le banche centrali non sono altro che strumenti compiacenti di dominio del complesso digitale-finanziario, il cui potere globale supera di gran lunga qualsiasi cosa l'umanità abbia mai sperimentato.

La sua ascesa è iniziata negli anni 1990. Il progresso inarrestabile della tecnologia digitale ha aiutato i suoi più importanti rappresentanti Apple, Microsoft, Google, Amazon e Facebook a una marcia trionfale mozzafiato. Allo stesso tempo, la progressiva deregolamentazione del settore finanziario fece di BlackRock un gigante mondiale nel campo della gestione patrimoniale.

Un'importante pietra miliare storica è stata la crisi finanziaria mondiale del 2007/2008, da quando il sistema finanziario globale è stato tenuto in vita solo dalle banche centrali. Le due più grandi di esse, la Federal Reserve degli Stati Uniti e la Banca Centrale Europea, non solo hanno creato trilioni di dollari dal nulla, ma ne hanno anche incanalato una gran parte nelle tasche degli investitori ultra-ricchi con l'aiuto di BlackRock.

In questo modo, si è creato un ciclo che ha assicurato una ridistribuzione della ricchezza senza precedenti dal basso verso l'alto. Questo è stato portato all'estremo nel 2020. Con il pretesto di combattere una malattia, quasi tutta l'economia globale è stata fermata in primavera. Poi le banche centrali, con l'aiuto di BlackRock, hanno stanziato le somme di gran lunga più grandi di sempre ai grandi investitori come presunto denaro di salvataggio.

I danni collaterali di questa azione: diverse centinaia di milioni di persone nei paesi in via di sviluppo sono state private dei loro mezzi di sussistenza, e il numero di persone affamate è aumentato di più di 130 milioni nel 2020, secondo le cifre dell'ONU.

Inoltre, nei paesi industrializzati sono stati causati danni economici le cui conseguenze devastanti sono ancora da vedere. Sono già prevedibili il crollo di molte piccole e micro imprese e la morte di gran parte della classe media, licenziamenti di massa nelle grandi aziende, e una valanga di inadempienze creditizie che scuoteranno il sistema bancario.

Come risultato delle varie chiusure, i bilanci statali stanno registrando i più grandi deficit di sempre, cosicché dovranno verificarsi licenziamenti di massa nel settore pubblico e saranno inevitabili aumenti delle tasse e tagli drastici alla spesa sociale.

Per mantenere comunque in vita questo sistema condannato, tutto indica che ci sarà presto un tentativo di porre fine al sistema bancario nella sua forma attuale e mettere la creazione di credito esclusivamente nelle mani delle banche centrali.

Per tutti noi, questo significa che dobbiamo aspettarci una drastica riduzione del nostro standard di vita e un controllo totale di tutti i settori della vita, comprese le nostre finanze. Non solo, ma dato che tutti questi cambiamenti incontreranno sicuramente una notevole resistenza sociale, dobbiamo anche aspettarci che i responsabili cercheranno di limitare ulteriormente i nostri diritti democratici come la libertà di viaggio, la libertà di espressione e la libertà di riunione, che quest'anno sono già stati limitati in modi senza precedenti.

L'anno che è iniziato venerdì scorso ci presenterà dunque un'alternativa storica: O ci chiuderà definitivamente in una prigione globale dominata dal complesso digitale-finanziario, o ci solleveremo contro questa moderna forma di schiavitù per intraprendere la lotta per una vita autodeterminata.

Non c'è una terza via.

La Grande Depressione 2022?

Ci stiamo avvicinando sempre più alla madre di tutte le depressioni economiche e i suoi effetti stanno per causare una quantità senza precedenti di turbolenza, caos e disperazione nella nostra società moderna. Le storie di orrore della Grande Depressione degli anni '30 stanno per ripetersi. La maggior parte dei prepper ha quell'epoca cupa impressa nella mente come un forte promemoria di quanto velocemente le cose possano andare male, anche nel paese più ricco del mondo. E oggi, gli eventi globali stanno accelerando rapidamente e le cose stanno andando fuori controllo ad un ritmo allarmante negli Stati Uniti.

Per decenni, i prepper hanno avuto la Grande Depressione come motivazione e promemoria per prepararsi a tempi bui anche prima che le cose iniziassero ad andare male. Ma la verità è che questo è lo scenario a cui tutti dovremmo prepararci. Recentemente, un certo numero di economisti, analisti finanziari e osservatori del mercato hanno avvertito che sta arrivando un'altra Grande Depressione che ci riporterà a un'era di povertà, fame e sofferenza che probabilmente inizierà più tardi quest'anno. L'anno scorso, quando la crisi sanitaria ha colpito gli Stati Uniti, l'economia è caduta in una profonda recessione in pochi giorni. Più di 700.000 richieste di lavoro sono state presentate in pochi mesi e il PIL degli Stati Uniti è sceso del 31,4% nel secondo trimestre, il crollo più profondo e veloce mai registrato.

Tuttavia, a causa della straordinaria quantità di denaro stampato artificialmente iniettato nel sistema dalla Federal Reserve, la nostra economia è diventata insensibile. Queste misure possono aver impedito un grande crollo a breve termine, ma hanno creato enormi squilibri che ora minacciano di far crollare l'intero sistema. Ogni dollaro di quegli assegni di stimolo del governo è stato creato dal nulla dalla Fed o preso in prestito dal Tesoro. Ad un certo punto, le conseguenze dell'aver espanso la nostra offerta di denaro di trilioni avrebbero iniziato a bussare alle nostre porte. Così ora stiamo affrontando un picco inflazionistico che non abbiamo mai visto nei tempi moderni.

A peggiorare le cose, il prezzo dei beni essenziali, come la casa, è salito a livelli record, per cui gli americani ora devono spendere molto di più per comprare o affittare una casa. Questo contribuisce anche ad un dollaro più debole e ad un'inflazione ancora più persistente. Man mano che la nostra moneta si degrada, dobbiamo pagare di più per i beni importati, come il petrolio.

Di conseguenza, i prezzi della benzina sono destinati ad aumentare, e anche i prezzi delle automobili diventano più cari perché importiamo molte automobili da altri paesi.

Dati i forti squilibri tra domanda e offerta, i prezzi stanno aumentando senza pietà in tutto il mondo. Le aziende devono pagare di più per l'energia e le materie prime, quindi trasferiscono questi costi ai consumatori. Anche l'aumento dei prezzi del gas e dei costi di trasporto si aggiunge ai prezzi al consumo. Quindi, anche se ora abbiamo più dollari nell'economia, il nostro potere d'acquisto è diminuito considerevolmente. Una volta che l'inflazione si infiltra nel sistema, comincia ad alimentarsi da sola e decolla come un razzo.

Da quando la Fed è intervenuta con le sue politiche monetarie, la nostra offerta di denaro ha cominciato a gonfiarsi di circa 1 miliardo di dollari all'ora. D'altra parte, il nostro debito nazionale sta aumentando così rapidamente che è difficile tenerne traccia. Entro il 2030, l'interesse sul debito dovrebbe eguagliare e poi superare le entrate fiscali. Questo significa che dovremo prendere in prestito e stampare più denaro per pagare gli interessi sul denaro che abbiamo preso in prestito e stampato durante l'ultima recessione. Non c'è da meravigliarsi se molti economisti dicono che il nostro sistema economico crollerà molto prima. Tutto questo sta peggiorando l'inflazione, e potrebbe essere troppo tardi per il governo per riportare la situazione sotto controllo. I più intelligenti saranno preparati in anticipo per la Grande Depressione che si profila all'orizzonte.

La depressione degli anni '30 ha fatto molti danni al nostro paese, ma la prossima crisi sarà molto, molto peggiore. Oggi la nostra economia è molto più interconnessa, e se l'America va giù, anche il resto del mondo soffrirà. Nessuno verrà in nostro soccorso, specialmente ora che tutte le maggiori economie stanno sperimentando continue interruzioni. Avete mai immaginato come sarebbe un mondo senza abbastanza energia per tutti? O senza abbastanza cibo? Avete mai pensato a cosa dovrete fare per sopravvivere in un mondo di risorse limitate? Perché è a questo che dovreste iniziare a pensare adesso. Questo sarà il nostro futuro, e la maggior parte delle persone non è ancora consapevole dei rischi e delle minacce che ci aspettano. Ma siamo stati avvertiti. Quindi l'unica domanda che rimane è: Siete preparati?

Incolpare la Cina?

È diventata una pratica comune nei media alternativi incolpare la Cina e il Partito Comunista Cinese per quasi tutto. Molti di questi blog alternativi danno la colpa delle azioni relative al Covid-19 al Partito Comunista Cinese della Repubblica Popolare Cinese - specialmente un settore di blog che forniscono dati dettagliati, e spesso abbastanza accurati, su come i "vaccini" COVID-19 sono usati per spazzare via la popolazione e sulle massicce frodi architettate dalle elite corporative usando le Nazioni Unite e l'Organizzazione Mondiale della Sanità.

In alcuni casi, la conclusione di questi rapporti è che gli Stati Uniti sono sotto l'assalto dei comunisti della Cina e che i democratici statunitensi che vanno avanti con i loro atti di tradimento sono "di sinistra".

La preoccupazione per le azioni del Partito Comunista Cinese CCP negli Stati Uniti, e a livello globale, non è senza prove.

Ci sono esempi di potenti interessi commerciali, e super-ricchi, in Cina che usano l'autorità del Partito Comunista Cinese per promuovere i loro interessi. Tuttavia, il modo semplicistico e riduttivo in cui i crimini commessi dalle élite aziendali e dai miliardari negli Stati Uniti vengono attribuiti al PCC, e il modo in cui l'attenzione viene distolta dalle "vere fonti del male", che sono americane, suggerisce che abbiamo a che fare con una campagna di disinformazione accuratamente organizzata, molto probabilmente finanziata dalle élite finanziarie di Goldman Sachs, BlackRock, Morgan Stanley, ecc.

L'obiettivo di attaccare il PCC è quello di fuorviare, per impedirci di identificare il nemico all'interno. Marchi ben noti come Microsoft, Coca Cola, Facebook, Oracle, Walmart e Amazon sono la fonte principale delle politiche criminali dilaganti in patria che stanno trasformando la nazione in un campo di concentramento.

Queste aziende sono il giocattolo dei super ricchi, che fanno i loro affari, a volte anche con le élite cinesi, a porte chiuse.

In breve, questa operazione psicologica di incolpare il Partito Comunista Cinese ha lo scopo di ritardare fino all'ultimo momento possibile la presa di coscienza da parte dei cittadini dell'amara realtà del fascismo in patria e di nascondere la crescita di una società di classe radicale.

L'esagerazione della "minaccia cinese" è un diversivo architettato dai super-ricchi. Lo scopo è quello di far schiumare la gente con la bava alla bocca sugli stranieri di una civiltà aliena e quindi incapace di capire la cospirazione dei ricchi per distruggere la vita della gente comune.

La stragrande maggioranza delle informazioni sulle azioni politiche degli interessi corporativi, sotto il mantello del governo, negli Stati Uniti, Cina, Russia, Israele, Turchia, Germania, Giappone e altre grandi potenze, è classificata e completamente inaccessibile ai comuni cittadini. Dobbiamo prima capire quanto poco sappiamo.

Tuttavia, concentrandosi esclusivamente sul PCC, nessuno si chiede seriamente chi sono le importanti potenze straniere, oltre alla Cina, a Washington. Inoltre, i cittadini presumono che Facebook, Amazon e Microsoft siano aziende "americane", anche se queste organizzazioni criminali cospirano per fare a pezzi l'America.

La maggior parte dei blogger che parlano di geopolitica si limitano a storie sensazionalistiche create per il consumo pubblico e non possono nemmeno menzionare la possibilità che le élite cinesi e americane abbiano creato una finta guerra fredda per bloccare un dialogo significativo tra i cittadini comuni e aumentare i loro profitti.

Questa dimenticanza non è casuale. Questi sedicenti esperti si rifiutano di affrontare la questione della classe.

Il Partito Comunista Cinese (PCC) è un'enorme istituzione che fa parte del governo della Repubblica Popolare Cinese e rappresenta, in teoria, il popolo.

In precedenza, il CCP era strettamente regolamentato. Tuttavia, negli ultimi 20 anni è stato deregolamentato e ampie sezioni dell'organizzazione sono ora gestite come il Lions Club. Ampie sezioni del PCC formano una rete di persone potenti che perseguono benefici per i loro amici e familiari, e non funzionano come un'agenzia governativa.

Questo non è un segreto per i cinesi e ci sono richieste di riforma in casa, e seri sforzi.

Ci sono anche fazioni all'interno del PCC che vogliono far rivivere le tradizioni del partito degli anni '40 e '50, per stare con i lavoratori, non con le banche multinazionali. Il loro numero sta crescendo.

Il Partito Democratico e il Partito Repubblicano sono peggio del PCC nel senso che fanno la politica nazionale a porte chiuse, ma il loro ruolo non è definito dalla Costituzione e non sono una parte responsabile del governo.

Ci sono obiettivi specifici dietro la spinta dei media aziendali, e dei blog conservatori, che gettano il PCC come il cattivo per distrarre l'attenzione dalla decadenza istituzionale negli Stati Uniti.

1) Attribuire subdolamente la perdita di libertà e la distruzione intenzionale dell'economia statunitense al "comunismo" e alla "sinistra" piuttosto che al fascismo aziendale che è il frutto della finanza americana.

Etichettare intenzionalmente il "fascismo aziendale" come "comunismo" e attribuire i piani criminali dei CEO statunitensi a un subdolo PCC appartenente a una civiltà aliena è una psy-op orchestrata al più alto livello che reinventa le mitologie del "pericolo giallo" che hanno dominato l'America nel XIX secolo come strumento di controllo politico.

2) La proiezione della criminalità dilagante in Cina, e lontano da Washington D.C., attraverso la creazione di un dramma dominato da un PCC alieno e misterioso serve ad oscurare quanto il male sia vicino agli Stati Uniti.

Oscura la criminalità nata da familiari marchi americani come Amazon, Facebook, Bank of America, Coca Cola, Walmart e Microsoft, e incoraggia persino gli americani ad abbracciare queste pericolose entità straniere come società "americane" in risposta a una presunta minaccia cinese.

Ma queste multinazionali non hanno più diritto di testimoniare al Congresso e di fare lobby che il PCC. Forniscono benefici ai super-ricchi, agli uomini che non conoscono paese e agli azionisti di tutto il mondo.

3) La demonizzazione del PCC è sostenuta dal complesso militare-industriale perché questa minaccia esistenziale inventata è centrale per la creazione di un'economia di guerra negli Stati Uniti che presuppone che ci sarà una guerra con la Cina.

Mentre l'economia statunitense sprofonda nell'anomia come risultato della radicale deregolamentazione della finanza, un'economia di guerra è sempre più percepita come una salvezza. Assicurare che l'economia di guerra sia gestita attraverso il Pentagono assicura che le multinazionali ottengano una grossa fetta della torta.

Inoltre, il declino del potere giudiziario, legislativo ed esecutivo negli Stati Uniti ha creato un ambiente in cui i militari hanno un ruolo sempre più importante perché sono l'unica parte del governo che rimane parzialmente funzionale.

4) È fondamentale per la "nuova guerra fredda" che nessun discorso sia possibile tra cinesi e americani comuni, che nessuna alleanza possa essere stabilita tra cittadini preoccupati in entrambi i paesi, che nessuna conversazione possa avere luogo tra gli intellettuali dei due paesi.

Se i cittadini parlassero con i cittadini, potrebbero scoprire come le multinazionali stanno mettendo i lavoratori cinesi e americani l'uno contro l'altro mentre procedono a distruggere le economie di entrambi i paesi.

5) L'attacco al PCC e al Partito Democratico "di sinistra" che si trova nei media alternativi conservatori serve a marchiare i termini come "comunismo", "socialismo" e "sinistra" come negativi nell'immaginazione pubblica che sono falsamente associati alle conseguenze sociali ed economiche delle politiche del "fascismo corporativo".

Come il partito comunista americano ha condotto la battaglia per i diritti civili, e la sinistra ha combattuto per molti dei benefici di cui i lavoratori godono oggi, è intenzionalmente oscurato in queste campagne anti-sinistra che collegano il "socialismo" a una minacciosa cultura cinese.

6) Forse il gioco più subdolo di tutti è quello di costringere gli americani a scegliere un'ideologia anti-sinistra e anti-cinese (e per estensione anti-asiatica) se vogliono trovare una voce critica al regime COVID-19.

La "sinistra" nei media è pro-vaccino e l'unica opposizione ai vaccini che vediamo sono i sostenitori di Donald Biden. Questa configurazione politica rende possibile ai liberali e ai progressisti di respingere i pericoli evidenti dei vaccini senza temere contraccolpi.

7) Dare la colpa di tutto a un subdolo PCC è un modo subdolo per evitare qualsiasi analisi seria di chi possiede cosa in America e quali sono state le reali implicazioni della concentrazione della ricchezza per la gente comune.

Se i cittadini sapessero come questi miliardari hanno fatto le loro vaste fortune, non attraverso l'innovazione e l'immaginazione, ma rubando alla Federal Reserve il denaro che appartiene ai cittadini della nazione, e creando un'inflazione che punisce i cittadini, chiederebbero che questi miliardari siano incarcerati.

Dare la colpa a un vago CCP che è al di là della comprensione dei cittadini aiuta la gente a evitare qualsiasi discussione su chi possiede cosa, e come ne è entrato in possesso.

Ci sono esempi di corruzione e di traffico d'influenza che coinvolgono il partito comunista cinese. Questa parte della storia è vera. Ma l'obiettivo finale della demonizzazione del PCC non è chiaramente quello di ridurre l'influenza straniera a Washington D.C. (che è alle stelle in questi giorni), ma di trovare un modo conveniente e fuorviante per spiegare la profonda corruzione morale della società americana.

L'obiettivo della demonizzazione del PCC non è quello di ridurre l'influenza straniera a Washington D.C. (che è alle stelle in questi giorni), ma di trovare un modo conveniente e fuorviante per spiegare la profonda corruzione morale della società americana.

Le radici del grande reset

La propaganda diffusa dall'intelligence anglo-americana ha portato molti a credere che il Partito Comunista Cinese sia la radice dell'agenda del Grande Reset (a.k.a. Great Reset). Tuttavia, questa percezione è molto lontana dalla realtà.

In questo capitolo rivelatore, abbiamo rintracciato le radici dell'agenda del Grande Reset ottant'anni fa, quando James Burnham - un americano laureato all'Università di Oxford, un trotskista false-flag che in seguito entrò nell'OSS e nella CIA e che divenne il padre fondatore del neoconservatorismo - scrisse la sua visione del mondo in "La rivoluzione dei dirigenti". Chung sostiene che furono le ideologie de "La rivoluzione dei dirigenti" di Burnham che portarono Orwell a scrivere la sua opera "1984".

Come disse Orwell nel suo saggio "Secondary Thoughts on Burnham:" "Si vedrà che la teoria di Burnham non è, in senso stretto, una teoria nuova. Molti scrittori precedenti hanno previsto l'emergere di un nuovo tipo di società, né capitalista né socialista, e probabilmente basata sulla schiavitù..."

In ogni caso, le idee di James Burnham corrispondono al paradigma malthusiano di crescita zero pianificato dall'aristocrazia anglo-veneta e dalle nuove élite americane, e al loro Grande Reset verso il collettivismo oligarchico. Secondo un libro bianco del governo britannico del 2013: gli alumni che hanno studiato nel

Regno Unito sono incoraggiati a formare "reti di persone in posizioni di influenza in tutto il mondo che possono promuovere gli obiettivi della politica estera britannica", simili a società discrete come la massoneria.

Klaus Schwab, l'architetto del World Economic Forum fondato nel 1971 - uno dei principali, se non il principale, influenzatore e finanziatore di ciò che stabilirà il corso della politica economica globale al di fuori dei governi - è stato causa di molta preoccupazione e sospetto da quando ha annunciato l'agenda del "Grande Reset" al 50° incontro annuale del World Economic Forum (WEF) nel giugno 2020.

L'iniziativa The Great Reset è un appello un po' vago alla necessità che gli attori globali coordinino una "gestione" simultanea degli effetti di COVID-19 sull'economia globale, che hanno inquietantemente soprannominato "pandenomics". Questo, ci dicono, sarà il nuovo normale, la nuova realtà a cui dovremo adattarci nell'immediato futuro.

Si deve sapere che, quasi dalla sua nascita, il Forum Economico Mondiale si è allineato con il Club di Roma, un think tank di aristocratici e membri d'élite, fondato nel 1968, per affrontare i problemi dell'umanità. Nel suo lavoro estremamente influente "I limiti della crescita", pubblicato nel 1972, il Club di Roma concluse che questi problemi non potevano essere risolti da soli e che erano tutti interconnessi. Nel 1991, il cofondatore del Club di Roma, Sir Alexander King, ha dichiarato in

"The First Global Revolution" (una valutazione dei primi 30 anni del Club di Roma) che il nemico dell'umanità è l'umanità stessa:

"Nel cercare un nemico comune contro il quale unirci, ci è venuto in mente che l'inquinamento, la minaccia del riscaldamento globale, la scarsità d'acqua, la carestia e simili, si adattano insieme. Presi insieme e nelle loro interazioni, questi fenomeni costituiscono una minaccia comune che dobbiamo affrontare tutti insieme. Ma nel designare questi pericoli come il nemico, cadiamo nella trappola, di cui abbiamo già avvertito i lettori, di confondere i sintomi con le cause. Tutti questi pericoli sono causati dall'intervento umano nei processi naturali, e solo attraverso un cambiamento di atteggiamenti e comportamenti possono essere superati. Il vero nemico, quindi, è l'umanità stessa".

Non sorprende che, con una tale conclusione, parte della soluzione prescritta fosse la necessità di un controllo della popolazione.

Tuttavia, a quali forme di controllo della popolazione pensava Klaus Schwab in particolare?

Alla fine degli anni '60, Schwab ha frequentato Harvard e tra i suoi professori c'era Sir Henry Kissinger, che ha descritto come una delle figure che più hanno influenzato il suo pensiero durante la sua vita.

[Henry Kissinger e il suo ex allievo, Klaus Schwab, danno il benvenuto all'ex primo ministro britannico Ted Heath alla riunione annuale del WEF del 1980. Fonte: World Economic Forum]

Per avere un'idea migliore del tipo di influenza esercitata da Sir Henry Kissinger sul giovane Klaus Schwab, dovremmo dare un'occhiata al famigerato rapporto di Kissinger NSSM-200: Implications of World Population Growth for U.S. Security and Interests Abroad (img), noto anche come "The Kissinger Report", pubblicato nel 1974. Questo rapporto, declassificato nel 1989, è stato determinante nel trasformare la politica estera degli Stati Uniti da pro-sviluppo/industria a promozione del sottosviluppo attraverso metodi totalitari a sostegno del controllo della popolazione. Kissinger afferma quanto segue nel rapporto:

"... se si vogliono mantenere le cifre future entro limiti ragionevoli, è urgente che le misure di riduzione della fertilità degli anni '70 e '80 siano avviate e rese efficaci ... L'aiuto [finanziario] sarà dato ad altri paesi, tenendo conto di fattori come la crescita della popolazione ... Gli aiuti alimentari e agricoli sono vitali per qualsiasi strategia di sviluppo sensibile alla popolazione... L'allocazione delle scarse risorse dovrebbe tenere conto dei passi che un paese sta facendo nel controllo della popolazione... C'è un'opinione alternativa che i programmi obbligatori possano essere necessari..."

Per Kissinger, l'orientamento della politica estera degli Stati Uniti era sbagliato nella sua enfasi di porre fine alla fame fornendo i mezzi di sviluppo industriale e scientifico alle nazioni povere, secondo Kissinger, una tale iniziativa avrebbe portato solo a un maggiore squilibrio globale, poiché le nuove classi medie avrebbero consumato di più, e sprecato risorse strategiche.

Nel "Saggio sul principio della popolazione" (1799), Thomas Malthus ha scritto:

"Dovremmo facilitare, invece di tentare scioccamente e vanamente di impedire, le operazioni della natura nella produzione di questa mortalità; e se temiamo la visita troppo frequente dell'orribile forma di carestia, dovremmo incoraggiare sedulentemente le altre forme di distruzione, che costringiamo la natura a usare. Nelle nostre città dovremmo rendere le strade più strette, ammassare più gente nelle case, e corteggiare il ritorno della pestilenza".

Da convinto malthusiano, Kissinger credeva che la "natura" avesse fornito i mezzi per abbattere il gregge, e attraverso l'uso di politiche economiche che utilizzavano il corteggiamento della peste, della carestia e così via, stavano semplicemente imponendo una gerarchia naturale che era necessaria per la stabilità globale.

Oltre a questa ideologia estremamente inquietante che è a un passo dall'eugenetica, c'è stato anche molto disturbo per il video del World Economic Forum del 2016 che passa in rassegna le loro 8 "previsioni" su come cambierà il mondo entro il 2030, con lo slogan "Non possiederai nulla, e sarai felice".

È questo particolare slogan che ha probabilmente causato il maggior panico tra il cittadino medio che si chiede come sarà il risultato del Grande Reset. Ha anche causato molta confusione su chi o cosa è alla radice della formazione di questa misteriosa, orwelliana previsione del futuro.

Molti sono arrivati a credere che la radice di questa agenda sia il partito comunista cinese. Tuttavia, qualunque sia la vostra opinione sul governo cinese e sulle intenzioni del presidente Xi, le radici dell'agenda del Grande Reset possono essere fatte risalire molto chiaramente a 80 anni fa, quando James Burnham - un ex trotskista americano che in seguito entrò nell'OSS, la CIA, e poi divenne il padre fondatore del neoconservatorismo, scrisse un libro sulla sua visione della "Rivoluzione dei dirigenti".

Infatti, furono le ideologie della "Rivoluzione dei dirigenti" di Burnham che portarono Orwell a scrivere il suo "1984".

Il vero fondatore

"James Burnham è il vero fondatore intellettuale del movimento neoconservatore e il proselitista originale, negli Stati Uniti, della teoria del 'totalitarismo'". - **Christopher Hitchens**, "Per il gusto di argomentare: Saggio e rapporti di minoranza".

Comprensibilmente, c'è una certa confusione su come un ex trotskista di alto profilo sia diventato il fondatore del movimento neoconservatore. Tuttavia, la verità della questione è che Burnham non era nessuno dei due.

Cioè, James Burnham non ha mai cambiato le sue credenze e convinzioni in nessun punto durante il suo viaggio attraverso il trotskismo, l'intelligence dell'OSS/CIA e il neoconservatorismo, anche se può aver pugnalato molti lungo la strada, e questa serie in due parti esaminerà perché è così.

James Burnham nacque nel 1905 a Chicago, Illinois, e fu allevato come cattolico romano, ma in seguito rifiutò il cattolicesimo mentre studiava a Princeton e professò l'ateismo per il resto della sua vita fino a poco prima della sua morte, quando si dice sia tornato alla chiesa. (1) Si sarebbe laureato a Princeton, seguito dal Balliol College dell'Università di Oxford e nel 1929 sarebbe diventato professore di filosofia alla New York University.

Fu durante questo periodo che Burnham incontrò Sidney Hook, che era anche professore di filosofia alla NYU, e che nella sua autobiografia si vantava di aver convertito Burnham al marxismo. Nel 1933, insieme a Sidney Hook, Burnham aiutò a organizzare l'organizzazione socialista American Workers Party (AWP).

Non sarebbe passato molto tempo prima che Burnham trovasse brillante l'uso di Trotsky del "materialismo dialettico" per spiegare l'interazione tra forze umane e storiche nella sua "Storia della rivoluzione russa". Come fondatore dell'Armata Rossa, Trotsky aveva dedicato la sua vita alla diffusione di una rivoluzione comunista mondiale, a cui Stalin si opponeva con l'ideologia di Trotsky della "Rivoluzione permanente". In questa ideologia, i trotskisti erano tatticamente addestrati per essere esperti militanti in lotte intestine, infiltrazione e disorganizzazione.

Tra queste tattiche c'era l'"entryism", in cui un'organizzazione incoraggia i suoi membri ad unirsi ad un'altra, spesso più grande, nel tentativo di prendere il controllo di quell'organizzazione o di convertire una gran parte dei suoi membri con la propria ideologia e direttiva.

L'esempio più noto di questa tecnica fu chiamato la Svolta Francese, quando i trotskisti francesi nel 1934 si infiltrarono nella Section Francaise de l'International Ouvriere (SFIO, Partito Socialista Francese) con l'intenzione di reclutare gli elementi più militanti.

Quello stesso anno, i trotskisti della Communist League of America (CLA) fecero una svolta francese verso l'American Workers Party, in una mossa che elevò James Burnham dell'AWP al ruolo di massimo luogotenente e consigliere di Trotsky.

Burnham avrebbe continuato le tattiche di infiltrazione e sovversione di altri partiti di sinistra e nel 1935 tentò di fare una svolta francese nel ben più grande Partito Socialista (SP), tuttavia, nel 1937, i trotskisti furono espulsi dal Partito Socialista, portando alla formazione del Partito Socialista Operaio (SWP) alla fine dell'anno. Si sarebbe dimesso dal SWP nell'aprile 1940 e avrebbe formato il Partito dei Lavoratori, per poi dimettersi meno di due mesi dopo.

Burnham rimase un "intellettuale trotskista" dal 1934 al 1940, usando tattiche militanti trotskiste contro i movimenti marxisti concorrenti, capovolgendo la loro lealtà e depredando i loro migliori talenti. Anche se Burnham lavorò sei anni per i trotskisti, all'inizio del nuovo decennio, rinunciò completamente sia a Trotsky che alla "filosofia del marxismo", il materialismo dialettico.

Forse Burnham era consapevole che le mura si stavano chiudendo su Trotsky, e che sarebbe stata solo una questione di sei mesi dalla prima rinuncia di Burnham che Trotsky sarebbe stato assassinato nell'agosto 1940, nel suo complesso fuori Città del Messico.

Nel febbraio 1940 Burnham scrisse "Scienza e stile: A Reply to Comrade Trotsky", in cui ruppe con il materialismo dialettico, sottolineando l'importanza del lavoro di Bertrand Russell e l'approccio di Alfred North Whitehead:

"Vuole che le prepari una lista di letture, compagno Trotsky? Sarebbe lunga, andando dal lavoro dei brillanti matematici e logici della metà del secolo scorso fino al culmine nei monumentali Principia Mathematica di Russell e Whitehead (la svolta storica della logica moderna), per poi estendersi in molte direzioni - una delle più fruttuose rappresentata dagli scienziati, matematici e logici che ora collaborano nella nuova Enciclopedia della Scienza Unificata".

Il 21 maggio 1940, Burnham riassunse così i suoi sentimenti in una lettera di dimissioni dal Partito del Lavoro:

"Rifiuto, come sapete, la 'filosofia del marxismo', il materialismo dialettico. ... "

La teoria generale marxiana della "storia universale", nella misura in cui ha un contenuto empirico, mi sembra essere confutata dalla moderna ricerca storica e antropologica.

L'economia marxiana mi sembra, per la maggior parte, falsa o obsoleta o senza senso nella sua applicazione ai fenomeni economici contemporanei. Quegli aspetti dell'economia marxiana che conservano la loro validità non mi sembrano giustificare la struttura teorica dell'economia.

Non solo penso che non abbia senso dire che "il socialismo è inevitabile" e che sia falso che il socialismo sia "l'unica alternativa al capitalismo"; ritengo che sulla base delle prove ora a nostra disposizione una nuova forma di società sfruttatrice (che io chiamo "società manageriale") sia non solo possibile ma un risultato più probabile del presente che il socialismo. ...

Pertanto, non posso riconoscere, né sento, alcun legame o fedeltà al Partito dei Lavoratori (o a qualsiasi altro partito marxista) su basi ideologiche, teoriche o politiche. Le cose stanno semplicemente così, e non posso più fingere, né con me stesso né con gli altri".

Nel 1941, Burnham avrebbe pubblicato "The Managers' Revolution: What's Happening in the World", che gli portò fama e fortuna, e fu elencato dalla rivista Life di Henry Luce come uno dei 100 libri più eccezionali del 1924-1944.

La rivoluzione manageriale

"Non possiamo capire la rivoluzione limitando la nostra analisi alla guerra [la seconda guerra mondiale]; dobbiamo capire la guerra come una fase nello sviluppo della rivoluzione". - **James Burnham** "La rivoluzione manageriale".

In "The Managerial Revolution", Burnham sostiene che se il socialismo fosse stato possibile, si sarebbe verificato come risultato della rivoluzione bolscevica, ma ciò che si è verificato invece non è stato né un ritorno a un sistema capitalista né una transizione a un sistema socialista, ma piuttosto la formazione di una nuova struttura organizzativa composta da una classe manageriale d'élite, il tipo di società che credeva fosse in procinto di sostituire il capitalismo su scala globale.

Burnham sostiene che proprio come la transizione da uno stato feudale a uno capitalista è inevitabile, così anche la transizione da uno stato capitalista a uno stato manageriale avverrà. E che i diritti di proprietà sulle capacità di produzione non saranno più posseduti dagli individui, ma dallo stato o dalle istituzioni, scrive:

"L'effettivo dominio e privilegio di classe richiede, è vero, il controllo degli strumenti di produzione; ma questo non deve necessariamente essere esercitato attraverso diritti di proprietà privata individuale. Può essere fatto attraverso quelli che si possono chiamare diritti corporativi, posseduti non da individui in quanto tali, ma da istituzioni: come avveniva in molte società in cui una classe sacerdotale era dominante..."

Burnham continua a scrivere:

"Se, in una società amministrativa, nessun individuo deve possedere diritti di proprietà comparabili, come può un gruppo di individui costituire una classe dirigente?

La risposta è relativamente semplice e, come già notato, non è senza analogie storiche. I dirigenti eserciteranno il loro controllo sugli strumenti di produzione e otterranno la preferenza nella distribuzione dei prodotti, non direttamente, attraverso i diritti di proprietà a cui hanno diritto come individui, ma indirettamente, attraverso il loro controllo dello Stato che, a sua volta, possiederà e controllerà gli strumenti di produzione. Lo Stato - cioè le istituzioni che lo compongono - sarà, se vogliamo metterla così, la "proprietà" dei dirigenti. E questo basterà a porli nella posizione di classe dirigente".

Burnham ammette che le ideologie necessarie per facilitare questa transizione non sono ancora state del tutto elaborate, ma continua dicendo che possono essere avvicinate:

"da diverse direzioni diverse ma simili, per esempio: Leninismo-Stalinismo; Fascismo-Nazismo; e, ad un livello più primitivo, dal New Deal e da ideologie americane meno influenti [all'epoca] come la 'tecnocrazia'. Questo,

dunque, è lo scheletro della teoria, espresso nel linguaggio della lotta per il potere".

Questo è certamente un paragrafo piuttosto confuso, ma diventa più chiaro quando lo comprendiamo dal punto di vista specifico di Burnham. Come Burnham vede, tutti questi diversi modi sono metodi per raggiungere la sua visione di una società manageriale perché ogni modo sottolinea l'importanza dello stato come potere centrale di coordinamento, e che un tale stato sarà governato dai suoi "manager". Burnham considera irrilevanti le diverse implicazioni morali in ogni scenario, poiché, come chiarisce all'inizio del suo libro, ha scelto di distaccarsi da tali questioni.

Burnham continua a spiegare che l'appoggio delle masse è necessario per il successo di qualsiasi rivoluzione, ed è per questo che alle masse deve essere fatto credere che beneficeranno di una tale rivoluzione, quando in realtà si tratta solo di sostituire una classe dirigente con un'altra e non cambia nulla per i più deboli. Spiega che questo è il caso del sogno di uno stato socialista, che l'uguaglianza universale promessa dal socialismo è solo una favola che si dice al popolo di combattere per l'instaurazione di una nuova classe dirigente, poi si dice che il raggiungimento di uno stato socialista richiederà molti decenni, e che essenzialmente, un sistema manageriale deve essere stabilito nel frattempo.

Burnham sostiene che questo è quello che è successo sia nella Germania nazista che nella Russia bolscevica:

"Tuttavia, può ancora risultare che la nuova forma di economia possa essere chiamata 'socialista'. Nelle nazioni - Russia e Germania - che hanno fatto i maggiori progressi verso la nuova economia [imprenditoriale], il termine 'socialismo' o 'nazionalsocialismo' è quello comunemente usato. La motivazione di questa terminologia non è, naturalmente, il desiderio di chiarezza scientifica, al contrario. La parola 'socialismo' è usata a fini ideologici per manipolare le emozioni favorevoli delle masse attaccate all'ideale storico socialista di una società internazionale libera e senza classi e per nascondere il fatto che l'economia manageriale è in realtà la base di un nuovo tipo di società sfruttatrice e di classe."

Burnham continua:

Le nazioni - la Russia "bolscevica", la Germania "nazista" e l'Italia "fascista" - che si sono mosse maggiormente verso la struttura sociale manageriale sono tutte, al momento attuale, dittature totalitarie... ciò che distingue la dittatura totalitaria è il numero di aspetti della vita soggetti all'impatto del dominio dittatoriale. Non sono solo le azioni politiche, in senso stretto, ma quasi tutti gli aspetti della vita, gli affari, l'arte, la scienza, l'educazione, la religione, la ricreazione e la moralità non sono solo influenzati dal regime totalitario, ma sono direttamente soggetti ad esso.

Bisogna notare che una dittatura di tipo totalitario non sarebbe stata possibile in nessuna epoca precedente alla nostra. Il totalitarismo presuppone lo sviluppo della tecnologia moderna, specialmente la rapidità delle comunicazioni e dei trasporti. Senza questi ultimi, nessun governo, indipendentemente dalle sue intenzioni, avrebbe avuto a disposizione i mezzi fisici per coordinare così intimamente tanti aspetti della vita. Senza la rapidità dei trasporti e delle comunicazioni, era relativamente facile per le persone tenere molti aspetti della loro vita fuori dalla portata del governo. Questo non è più possibile, o è possibile solo in misura molto minore, quando i governi oggi fanno un uso deliberato delle possibilità della tecnologia moderna".

Orwell & Burnham

Burnham avrebbe continuato ad affermare nel suo "Managerial Revolution" che la rivoluzione russa, la prima guerra mondiale e le sue conseguenze, il trattato di Versailles, fornivano la prova finale che la politica mondiale capitalista non poteva più funzionare ed era giunta alla fine. Ha descritto la prima guerra mondiale come l'ultima guerra dei capitalisti e la seconda guerra mondiale come la prima, ma non l'ultima, della società manageriale. Burnham rese chiaro che molte altre guerre avrebbero dovuto essere combattute dopo la seconda guerra mondiale prima che la società manageriale potesse finalmente radicarsi completamente.

Questa guerra continua avrebbe portato alla distruzione degli stati nazionali sovrani, in modo che solo un piccolo numero di grandi nazioni sarebbe sopravvissuto, culminando nei nuclei di tre "superstati", che Burnham ha predetto si concentreranno negli Stati Uniti, Germania e Giappone. Continua a prevedere che questi superstati non saranno mai in grado di conquistare l'altro e saranno in guerra permanente fino ad un tempo imprevedibile. Predice che la Russia si dividerà in due, con l'Ovest che si unirà alla sfera tedesca e l'Est a quella giapponese. (Si noti che questo libro è stato pubblicato nel 1941, quindi Burnham era chiaramente dell'opinione che la Germania nazista e il Giappone fascista sarebbero stati i vincitori della seconda guerra mondiale).

Burnham afferma che "la sovranità sarà limitata ai pochi superstati".

Infatti, arriva a dichiarare all'inizio del suo libro che la rivoluzione manageriale non è una previsione di qualcosa che si verificherà in futuro, è qualcosa che è già iniziato ed è, di fatto, nelle sue fasi finali di divenire, che è già stato implementato con successo in tutto il mondo e che la battaglia è essenzialmente finita.

La National Review, fondata da James Burnham e William F. Buckley (di più su questo nella seconda parte), vuole mettere la patina che sebbene Orwell fosse critico nei confronti delle opinioni di Burnham, alla fine fu creativamente ispirato a scriverne nel suo romanzo "1984". Sì, ispirato è un modo di metterla, o più precisamente, che era inorridito dalle opinioni di Burnham e scrisse il suo romanzo come un severo avvertimento di ciò che sarebbe stato il risultato finale di tali teorie mostruose, che fino ad oggi avrebbe organizzato lo zeitgeist del pensiero per essere sospettoso di qualsiasi cosa somigliante a neologismi come "Grande Fratello", "Polizia del pensiero", "Due minuti di odio", "Stanza 101", "buco della memoria", "Newspeak", "doublethink", "unperson", "thoughtcrime" e "groupthink"."

George Orwell, (il cui vero nome è Eric Arthur Blair), pubblicò per la prima volta il suo "Second Thoughts on James Burnham" nel maggio 1946. Il romanzo "1984" sarà pubblicato nel 1949.

Nel suo saggio disseziona l'ideologia proposta da Burnham delineata in "The Managerial Revolution" e "The Machiavellians. Difensori della libertà".

Orwell scrive:

"È chiaro che Burnham è affascinato dallo spettacolo del potere, e che le sue simpatie erano con la Germania finché la Germania sembrava vincere la guerra...Curiosamente, quando si esaminano le previsioni che Burnham ha basato sulla sua teoria generale, si scopre che, nella misura in cui sono verificabili, sono state falsificate...Si vedrà che le previsioni di Burnham non solo si sono dimostrate sbagliate, quando erano verificabili, ma sono state talvolta clamorosamente contraddette.... Le previsioni politiche sono spesso sbagliate, perché di solito sono basate su un pensiero velleitario... Spesso il fattore rivelatore è la data in cui vengono fatte... Si vedrà che in ogni momento Burnham sta predicendo una continuazione di ciò che sta accadendo... La tendenza a fare questo non è semplicemente una cattiva abitudine, come l'imprecisione o l'esagerazione... È una grande malattia mentale, e le sue radici si trovano in parte nella codardia e in parte nel culto del potere, che non è completamente separabile dalla codardia .....

Il culto del potere offusca il giudizio politico perché porta, quasi inevitabilmente, alla convinzione che le tendenze attuali continueranno. Chiunque vinca in quel momento sembrerà sempre invincibile. Se i giapponesi hanno conquistato l'Asia meridionale, terranno l'Asia meridionale per sempre, se i tedeschi hanno conquistato Tobruk, cattureranno immancabilmente il Cairo... Si prevede che l'ascesa e la caduta degli imperi, la scomparsa di culture e religioni, avvengano con la rapidità di un terremoto, e si parla di processi che sono appena iniziati come se fossero già alla fine. Gli scritti di Burnham sono pieni di visioni apocalittiche... Nel giro di cinque anni Burnham predisse la dominazione della Russia da parte della Germania e della Germania da parte della Russia. In ogni caso obbediva allo stesso istinto: l'istinto di piegarsi al conquistatore del momento, di accettare la tendenza esistente come irreversibile".

È interessante, e fortunatamente, sentire che George Orwell non prende le previsioni di Burnham di una rivoluzione manageriale come inamovibili, ma che si è mostrato in un breve periodo di tempo troppo pieno di illusioni e piegato a venerare il potere del momento. Tuttavia, questo non significa che non dobbiamo prestare attenzione alle orchestrazioni di questi pazzi.

L'inizio del Grande Reset?

Burnham ha chiarito in questo libro che non solo era abbastanza disposto ad accettare il risultato di una Germania nazista vittoriosa (questa era la sua conclusione all'epoca), ma che questo era un corso naturale e inevitabile che il mondo intero non avrebbe avuto altra scelta che seguire. Burnham non aveva remore a considerare la Germania nazista come la forma più alta del suo concetto di "società manageriale".

Nella sua opera "La Rivoluzione Manageriale" sostenne che la Rivoluzione Russa, la Prima Guerra Mondiale e le sue conseguenze, e il Trattato di Versailles erano la prova definitiva che la politica mondiale capitalista non poteva più funzionare ed era giunta alla fine. Ha descritto la prima guerra mondiale come l'ultima guerra dei capitalisti e la seconda guerra mondiale come la prima, ma non l'ultima, della società manageriale. E che dopo la seconda guerra mondiale molte altre guerre avrebbero dovuto essere combattute prima che la società manageriale potesse finalmente affermarsi pienamente.

Questa guerra continua avrebbe portato alla distruzione degli stati nazionali sovrani, in modo tale che solo un piccolo numero di grandi nazioni sarebbe sopravvissuto, culminando nei nuclei di tre "superstati", che Burnham ha predetto sarebbero stati incentrati su Stati Uniti, Germania e Giappone. Ha continuato a prevedere che questi superstati non sarebbero mai stati in grado di conquistare l'altro e sarebbero stati in guerra permanente fino ad un tempo imprevedibile.

Predisse che la Russia si sarebbe divisa in due, incorporando l'ovest nella sfera tedesca e l'est in quella giapponese. (Si noti che questo libro è stato pubblicato nel 1941, quindi Burnham era chiaramente dell'opinione che la Germania nazista e il Giappone fascista sarebbero stati i vincitori della seconda guerra mondiale). Burnham afferma che "la sovranità sarà limitata ai pochi superstati".

Questo futuro di "guerre eterne" tra pochi superstati ha evidenti influenze residue dell'ideologia militante della "Rivoluzione permanente" di Trotsky.

Questo era anche il genere di cose che Allen Dulles aveva il talento di perseguire.

Durante gli anni '20 e '30, entrambi i fratelli Dulles agirono come attori principali nel "riarmo della Germania di notte", organizzato in gran parte attraverso il loro studio legale Sullivan & Cromwell, che funzionava come il centro di un'intricata rete internazionale di banche, società di investimento e conglomerati industriali che aiutarono a ricostruire la Germania dopo la prima guerra mondiale.

Il rappresentante tedesco della ditta dei fratelli Dulles era il dottor Gerhardt Alois Westrick, che agì contemporaneamente come agente finanziario di Hitler e come capo dello spionaggio dell'Abwehr negli Stati

Uniti. Nel gennaio 1940, Westrick ricevette il titolo di Wehrwirtschaftsführer per i suoi contributi allo sforzo bellico. Fu poi assegnato da von Ribbentrop a una missione negli Stati Uniti per incontrare i leader economici americani e ottenere il loro sostegno per la Germania.

Allen Dulles era anche un direttore della J. Henry Schroder Bank, il cui presidente tedesco, il generale delle SS Barone Kurt von Schroder, era uno dei principali aiutanti di Schacht nell'organizzare il fondo che finanziò l'ascesa al potere di Hitler nel 1933. Allen Dulles rimase nel consiglio di amministrazione della Banca Schroder fino al 1944, molto tempo dopo aver assunto il suo incarico di capo dell'OSS in Svizzera.

Allen Dulles lavorò anche a stretto contatto con Thomas McKittrick, un vecchio amico di Wall Street che era presidente della Banca dei Regolamenti Internazionali. Cinque dei suoi direttori sarebbero poi stati incriminati per crimini di guerra, tra cui Hermann Schmitz, uno dei molti clienti di Dulles legati alla BIS. Schmitz era l'amministratore delegato della IG Farben, il conglomerato chimico che divenne famoso per la sua produzione di Zyklon B, il gas usato nei campi di sterminio di Hitler, e per il suo ampio uso di lavoro schiavo durante la guerra.

David Talbot scrive nella sua opera La scacchiera del diavolo:

"La segreta Banca dei Regolamenti Internazionali divenne un partner finanziario cruciale per i nazisti. Emil Puhl - vicepresidente della Reichsbank di Hitler e stretto collaboratore di McKittrick - una volta chiamò la BIS l'unica 'filiale estera' della Reichsbank. La Banca dei Regolamenti Internazionali ha riciclato centinaia di milioni di dollari in oro nazista depredato dalle tesorerie dei paesi occupati".

Allen Dulles fu reclutato nell'OSS (Office of Strategic Services) nell'ottobre 1941, una sorta di precursore della CIA. Per la maggior parte del suo lavoro all'OSS fu di stanza a Berna, in Svizzera, dove si scoprì in seguito che era coinvolto in una serie di attività incredibilmente sospette che avrebbero portato a sospettare che la sua lealtà e fedeltà fosse davvero con la Germania nazista.

Tali attività includevano il sabotaggio del successo delle operazioni di intelligence degli Stati Uniti e il coinvolgimento in negoziati segreti per conto di individui direttamente o indirettamente affiliati al partito nazista, uno degli incidenti più noti di questo è la curiosa condotta di Dulles durante l'Operazione Sunrise, nota anche come l'incidente di Berna, per conto del generale delle SS Kurt Wolff.

[In un precedente articolo di questa serie in tre parti ho approfondito i dettagli delle radici fasciste della CIA, e come Allen Dulles, e suo fratello Foster Dulles, giocano ruoli strumentali in tutto questo].

L'Office of Policy Coordination (OPC) fu creato come dipartimento della CIA nel 1948, ma funzionò come operazione clandestina fino all'ottobre 1950. Molte delle reclute dell'agenzia erano "ex" nazisti.

L'OPC è stato preceduto dal Gruppo di Procedure Speciali (SPG), la cui creazione nel marzo 1948 era stata autorizzata nel dicembre 1947 con l'approvazione del presidente Harry Truman del documento politico top-secret NSC 4-A.

NSC 4-A era una nuova direttiva per coprire "le operazioni paramilitari clandestine, così come la guerra politica ed economica", questo ha fornito l'autorizzazione per l'intervento della CIA nelle elezioni italiane dell'aprile 1948 (a favore della Democrazia Cristiana italiana, che nascondeva migliaia di fascisti nelle sue file, in contrasto con quella che sarebbe stata l'elezione del Partito Comunista d'Italia, che era ammirato per aver guidato la lotta contro Mussolini). Questo successo nella manipolazione delle elezioni italiane dimostrò che la guerra psicologica/politica poteva essere la chiave per "vincere" la guerra fredda.

Quando l'OPC è stato creato, ha ereditato tutte le risorse del GSP.

Il 18 giugno 1948, l'NSC 4-A fu sostituito dall'NSC 10/2, creando l'Office of Political Coordination (OPC). L'NSC 10/2 fu il primo documento presidenziale a specificare un meccanismo di approvazione e gestione delle operazioni segrete, e anche il primo a definire il termine "operazioni segrete".

George F. Kennan, direttore del Policy Planning Staff del Dipartimento di Stato, fu la figura chiave nella creazione dell'OPC. Frank Wisner, che lavorava come avvocato a Wall Street per lo studio legale Carter, Ledyard & Milburn, era un ex membro dell'OSS e molto vicino ad Allen Dulles. Sarebbe stato chiamato dal Dipartimento di Stato come primo direttore del TPO.

Dal 1948 al 1950, l'OPC, anche se tecnicamente un dipartimento all'interno della CIA, non era sotto il controllo della CIA, ma era un'operazione rinnegata gestita da Allen Dulles e Frank Wisner. L'OPC passò sotto il controllo della CIA nell'ottobre del 1950, quando Walter Bedell Smith divenne direttore della Central Intelligence, e fu rinominato Directorate of Plans (per saperne di più, vedi il mio articolo).

Durante il periodo 1948-1950, Dulles e Wisner stavano essenzialmente operando la loro agenzia di spionaggio privata, probabilmente con la benedizione speciale di George F. Kennan, poiché l'OPC era in realtà più legato al Dipartimento di Stato che alla CIA durante questo periodo.

Durante la seconda guerra mondiale, Burnham lasciò la sua posizione di insegnante alla New York University per lavorare per l'OSS e continuò a lavorare per la CIA quando l'OSS fu sciolta nel settembre 1945. In seguito sarebbe stato raccomandato da George F. Kennan per dirigere la divisione semi-autonoma "Psychological Strategy Board" (PSB) dell'Office of Policy Coordination (OPC).

Non è una coincidenza, come afferma l'autrice ebrea americana Naomi Wiener Cohen nel suo libro "Jacob H. Schiff: A Study in American Jewish Leadership" sugli effetti disastrosi per la Russia della guerra russo-giapponese di ispirazione britannica (dal febbraio 1904 al settembre 1905), che portò alla "rivoluzione" russa del 1905, che durò fino al 1907. Quella rivoluzione aprì la strada al rovesciamento dello zar e all'arrivo al potere dei bolscevichi nella rivoluzione d'ottobre del 1917:

"La guerra russo-giapponese alleò Schiff con George Kennan in un'impresa per diffondere la propaganda rivoluzionaria tra i prigionieri di guerra russi detenuti dal Giappone (Kennan aveva accesso a loro). L'operazione era un segreto accuratamente custodito e non fu rivelato pubblicamente da Kennan fino alla rivoluzione del marzo 1917. Ha poi raccontato come aveva ottenuto il permesso giapponese di visitare i campi e come i prigionieri gli avessero chiesto qualcosa da leggere. Facendo inviare agli "Amici della libertà russa" una tonnellata di materiale rivoluzionario, si assicurò il sostegno finanziario di Schiff. Come ha raccontato Kennan, cinquantamila ufficiali e uomini tornarono in Russia [come] ardenti rivoluzionari. Lì divennero cinquantamila 'semi di libertà' in cento reggimenti che contribuirono al rovesciamento dello zar".

Così, si può sostenere che George Kennan portò Burnham, specificamente a causa della sua storia di esperto trotskista senior, e a causa della sua, come dice Orwell, volontà di adorare il potere del momento e la sua convinzione che il potere finale poteva essere raggiunto solo attraverso una "rivoluzione permanente".

Anche George Kennan non era un socialista ideologico, meglio conosciuto come l'autore della strategia di "contenimento" della Guerra Fredda, si oppose risolutamente al riconoscimento dell'Unione Sovietica da parte di FDR, rifiutò di sostenere la collaborazione degli Stati Uniti con i sovietici nella sconfitta di Hitler, accusando Stalin di essere altrettanto cattivo... o forse preferì la successione di Hitler al potere?

Kennan scrive nelle sue Memorie:

"Non dovremmo avere alcuna relazione con loro 'i sovietici'... Non ho mai - né allora né dopo - considerato l'Unione Sovietica un alleato o un partner adatto, reale o potenziale, per questo paese".

Kennan ha chiarito che non era un ammiratore dell'Unione Sovietica di Stalin, ma certamente la pensava diversamente sugli usi dei "vecchi" militanti trotskisti, forse era questo ramo dei bolscevichi che voleva davvero vedere avere successo? Forse avrebbero giocato un ruolo simile per la sovversione dall'interno negli Stati Uniti come fecero in Russia?

Come dicono Paul Fitzgerald ed Elizabeth Gould nel loro eccellente articolo "How the CIA Created a False Western Reality for Unconventional Warfare":

"Burnham funzionava come una connessione critica tra l'ufficio di Wisner e l'intellighenzia passando dall'estrema sinistra all'estrema destra con facilità. Burnham trovò nel Congresso un posto per denunciare non solo il comunismo ma anche la sinistra non comunista e lasciò molti a chiedersi se le sue opinioni non fossero pericolose per la democrazia liberale quanto il comunismo."

Secondo Frances Stoner Saunders [autrice dell'acclamato libro "The Cultural Cold War"], i membri della delegazione britannica sentivano che la retorica che usciva dal congresso era un segno profondamente preoccupante di ciò che sarebbe venuto... "Ho pensato, beh, queste sono le stesse persone che sette anni fa stavano probabilmente ululando allo stesso modo alle simili denunce del Dr. Goebbels sul comunismo allo Sports Palast. E ho pensato, beh, con che tipo di persone ci stiamo identificando? Questo è stato ciò che mi ha scioccato di più. C'è stato un momento durante il Congresso in cui ho sentito che ci invitavano a invocare Belzebù per sconfiggere Stalin".

Il Congresso per la Libertà Culturale non aveva bisogno di Belzebù. Lo aveva già nella forma di Burnham, 'Sidney' Hook e Wisner, e nel 1952, il partito era appena iniziato... Nel 1953 Burnham fu richiamato da Wisner per andare oltre il comunismo e aiutare a rovesciare il democraticamente eletto Mohamed Mossadegh a Teheran, Iran... Il suo libro, "The Machiavellians: Difensori della libertà", sarebbe diventato il manuale della CIA per spostare la cultura occidentale con una dottrina alternativa per un conflitto senza fine in un mondo di oligarchi. "

I machiavellici: I difensori "manageriali" della libertà di Burnham.

"Lo stato moderno... è un motore di propaganda, che alternativamente produce crisi e pretende di essere l'unico strumento in grado di affrontarle efficacemente. Questa propaganda, per avere successo, richiede la cooperazione di scrittori, insegnanti e artisti, non come propagandisti pagati o servitori del tempo censurati dallo stato, ma come intellettuali 'liberi' in grado di controllare le proprie giurisdizioni e far rispettare standard accettabili di responsabilità all'interno delle varie professioni intellettuali." - Christopher Lasch "The Agony of the American Left", autore di "Britain's Secret Propaganda War".

In "La rivoluzione manageriale" Burnham scrive:

"La maggior parte di questi intellettuali è completamente inconsapevole che l'effetto sociale netto delle ideologie che elaborano contribuisce al potere e al privilegio dei dirigenti e alla costruzione di una nuova struttura di dominio di classe nella società. Come in passato, gli intellettuali credono di parlare a nome della verità e degli interessi di tutta l'umanità... In realtà,

l'intellettuale, senza di solito esserne consapevole, elabora le nuove ideologie dal punto di vista della posizione dei manager."

Ciò significa che gli stessi intellettuali non capiscono chi è che alla fine beneficerà delle filosofie e delle teorie che sostengono e difendono, sono meri strumenti per la propagazione di una nuova classe dirigente e non detengono alcun potere reale. Mi viene in mente il discorso di Aldous Huxley, anch'egli promotore di una classe dirigente nel suo "Brave New World", agli ingenui studenti di Berkeley, intitolato "La rivoluzione finale" ....

Come disse Huxley:

"Ci sarà, nella prossima generazione o giù di lì, un metodo farmacologico per far amare alla gente la loro servitù, e produrre una dittatura senza lacrime, per così dire, producendo una sorta di campo di concentramento indolore per intere società, in modo che la gente in realtà avrà le sue libertà tolte, ma piuttosto ne godrà".

Come notato sopra, Burnham era stato raccomandato da George F. Kennan per dirigere la divisione semi-autonoma "Psychological Strategy Board" (PSB) dell'Office of Policy Coordination (OPC). Il PSB D-33/2, creato il 5 maggio 1953, studiava come gli "intellettuali liberi" potessero essere manipolati contro i loro stessi interessi per facilitare una trasformazione della cultura occidentale imposta dalla CIA. Infatti, come Frances Stoner Saunder sottolinea in "The Cultural Cold War", fu probabilmente Burnham stesso a redigere il PSB D-33/2.

In "The Final Stage of the Machiavellian Elite Takeover of America", Paul Fitzgerald e Elizabeth Gould scrivono:

"Il PSB D-33/2 prevede un "movimento intellettuale a lungo termine, per: rompere gli schemi di pensiero dottrinario in tutto il mondo" mentre "crea confusione, dubbio e perdita di fiducia" al fine di "indebolire oggettivamente il fascino intellettuale del neutralismo e orientare i suoi aderenti verso lo spirito dell'Occidente". L'obiettivo era quello di "predisporre le élite locali alla filosofia tenuta dai pianificatori", mentre l'impiego di élite locali avrebbe "aiutato a mascherare l'origine americana dello sforzo per farlo apparire come uno sviluppo nativo".

Sebbene dichiarato come antidoto al totalitarismo comunista, un critico interno del programma, l'ufficiale del RSP Charles Burton Marshall, considerava lo stesso RSP D-33/2 spaventosamente totalitario, interponendo "un ampio sistema dottrinale" che "accetta l'uniformità come sostituto della diversità", abbracciando "tutti i campi del pensiero umano - tutti i campi degli interessi intellettuali, dall'antropologia e le creazioni artistiche alla sociologia e la metodologia scientifica". Ha concluso: *"questo è quanto di più totalitario possa esistere".*

Con "The Machiavellians" Burnham ha composto il manuale che ha forgiato la vecchia sinistra trotskista con una élite di destra anglo-americana. La prole politica di questa unione instabile sarebbe stata chiamata neoconservatorismo, la cui missione palese sarebbe stata quella di ridurre l'influenza russo/sovietica ovunque. La sua missione occulta sarebbe quella di riaffermare un dominio culturale britannico sull'emergente impero anglo/americano e mantenerlo attraverso la propaganda".

Burnham descrive come sia necessario che le masse credano che la rivoluzione sia vantaggiosa per loro, quando in realtà è solo la transizione da una classe dirigente ad un'altra. La promessa di una qualche forma di socialismo libero dall'oppressione del capitalismo viene offerta, ma alle masse viene detto che il socialismo reale avrà bisogno di tempo e potrà essere raggiunto solo più tardi, nel frattempo, viene messa in atto una classe dirigente.

Burnham scrive:

L'ideologia deve apparentemente parlare in nome dell'"umanità", del "popolo", della "razza", del "futuro", di "Dio", del "destino", ecc. Inoltre, nonostante l'opinione di molti cinici attuali, non qualsiasi ideologia è capace di fare appello ai sentimenti delle masse. È più di un problema di abile tecnica propagandistica. Un'ideologia di successo deve sembrare alle masse, per quanto confusamente, esprimere effettivamente alcuni dei loro interessi.

...Attualmente, le ideologie che possono avere un impatto potente, che possono davvero avanzare, sono, naturalmente, le ideologie imprenditoriali, perché sono

le uniche che corrispondono alla reale direzione degli eventi... Al posto dell'"individuo", l'enfasi è sullo "stato", il popolo, la gente, la razza... Al posto dell'impresa privata, il "socialismo" solo di nome o il "collettivismo". Al posto della 'libertà' e della 'libera iniziativa', la pianificazione. Meno parlare di 'diritti' e 'diritti naturali'; più di 'doveri' e 'ordine' e 'disciplina'. Meno parlare di 'opportunità' e più di 'lavori'".

Continua a parlare della necessità di cambiare il significato di parole come "destino", "futuro", "sacrificio", "potere", dalle vecchie ideologie del capitalismo per adattarle alle nuove ideologie del managerialismo.

George Orwell lo affronterà nel suo "1984", dove "La rivoluzione manageriale" di Burnham appare sotto lo pseudonimo "Teoria e pratica del collettivismo oligarchico".

Burnham continua:

"Non ci sarà un'ideologia manageriale più di quanto ci sia stata un'ideologia capitalista. Tuttavia, le varie ideologie manageriali ruoteranno intorno a un asse comune, proprio come le ideologie capitaliste ruotavano intorno a un asse comune e diverso... In questo paese, la tecnocrazia e il ben più importante New-Dealism sono tipi embrionali e meno sviluppati di ideologie manageriali primitive, native degli Stati Uniti".

Il riferimento di Burnham al New Dealism come politica manageriale può essere preoccupante per alcuni, tuttavia, Burnham guarda solo la meccanica di una situazione sociale e i suoi potenziali usi in una società manageriale, non significa che ciò di cui parla come funziona attualmente sia una forma di oppressione sul popolo. Come Burnham afferma nel suo libro, il New Dealismo di Roosevelt non è quello che era previsto sulla carta, per così dire.

Burnham scrive:

"I rappresentanti più forti del New Deal non sono Roosevelt o gli altri cospicui "politici del New Deal", ma il gruppo più giovane di amministratori, esperti, tecnici, burocrati che si sono fatti strada in tutto l'apparato statale... in breve, manager".

La visione di Keynes per il New Deal era opposta a quella di Roosevelt. Burnham esprime frustrazione per il fatto che un uomo che non aveva nulla a che fare con la creazione di un'idea stia ora tirando i fili, per saperne di più vedi qui. Un esempio del tipo di New Deal a cui Burnham si riferisce, adatto alla sua visione di una società manageriale, può essere trovato nel Green New Deal, o l'anti-BRI Build Back Better for the World (aka: B3W).

Questo è il tipo di ideologie che ci dicono essere universalmente benefiche, quando in realtà sono destinate a beneficiare una classe dirigente selezionata, in questo caso una classe manageriale, con l'intenzione di massimizzare il controllo globale a scapito della maggioranza.

Come disse Orwell nel suo saggio **"Second Thoughts on Burnham"**:

"Si vedrà che la teoria di Burnham non è, in senso stretto, una teoria nuova. Molti scrittori precedenti hanno previsto l'emergere di un nuovo tipo di società, né capitalista né socialista, e probabilmente basata sulla schiavitù..."

Il Grande Reset: Collettivismo oligarchico.

"Dove voi radicali e noi che abbiamo opinioni opposte differiamo non è tanto il fine quanto i mezzi, non tanto ciò che deve essere realizzato, ma come deve e può essere realizzato". - **Otto H. Kahn**

Nel suo "Managerial Revolution", Burnham conclude:

"Il nuovo sistema politico mondiale basato su un piccolo numero di superstati lascerà ancora dei problemi - più, forse, di un singolo stato mondiale unificato; ma sarà una "soluzione" sufficiente per far andare avanti la società. Né c'è alcuna ragione sufficiente per credere che questi problemi del sistema mondiale manageriale, incluse le guerre manageriali, "distruggeranno la civiltà". È quasi inconcepibile anche ciò che potrebbe significare per la civiltà: essere letteralmente distrutta. Ancora una volta: ciò che viene distrutto è la nostra civiltà, non la civiltà".

Per la distruzione della nostra civiltà, questa è precisamente l'intenzione del Forum Economico Mondiale e le sue affiliazioni con il Club di Roma/Henry Kissinger, ed è la loro intenzione che le stesse persone che saranno schiavizzate da una tale classe dirigente, saranno ironicamente quelle che si batteranno con passione per vederla finita. Le masse stesse saranno quelle disposte a sacrificare e a difendere a tutti i costi una struttura di potere crescente destinata a portare alla loro stessa distruzione.

Forse c'è anche chi lo sa e crede in una tale causa, dopo tutto, se sono d'accordo che "il vero nemico è l'umanità stessa", come ha concluso il Club di Roma sulla soluzione dei problemi dell'umanità, allora la distruzione della nostra civiltà non solo è giustificata, ma è nostro dovere realizzarla.

Ma se questa ideologia si rivela essere una finzione, una favola destinata a beneficiare una classe dirigente selezionata, i suoi credenti saranno complici nella commissione dei crimini più efferati mai commessi contro l'umanità in tutta la nostra storia dell'esistenza.

Siamo ora a quel precipizio...

Orwell conclude nella sua "Seconda riflessione su Burnham":

"È curioso che in tutto il suo discorso sulla lotta per il potere, Burnham non si soffermi mai a chiedere perché la gente vuole il potere. Sembra assumere che la fame di potere, anche se domina solo un numero relativamente piccolo di persone, sia un istinto naturale che non deve essere spiegato, come il desiderio di mangiare. Suppone anche che la divisione della società in classi serva allo stesso scopo in tutte le epoche. Questo è praticamente ignorare la storia di centinaia di anni... La domanda che si dovrebbe porre, e che non viene mai posta, è: Perché la brama di nudo potere diventa un importante motivo umano proprio ora, quando il dominio dell'uomo sull'uomo sta cessando di essere necessario? Quanto all'affermazione che la "natura umana", o le "leggi

inesorabili" di questo e di quello, rendono il socialismo impossibile, è semplicemente una proiezione del passato nel futuro. Infatti, Burnham sostiene che poiché una società di esseri umani liberi ed uguali non è mai esistita, non potrà mai esistere. Lo stesso argomento avrebbe potuto dimostrare l'impossibilità degli aeroplani nel 1900, o delle automobili nel 1850.

...finché [i nazisti] vincevano, Burnham sembra non aver visto nulla di sbagliato nei metodi dei nazisti... Questo implica che letteralmente qualsiasi cosa può diventare giusta o sbagliata se la classe dirigente del momento lo vuole... Che un uomo con le doti di Burnham sia stato in grado per un certo tempo di pensare al nazismo come qualcosa di piuttosto ammirevole, qualcosa che poteva e probabilmente avrebbe costruito un ordine sociale valido e duraturo, dimostra quale danno viene fatto al senso della realtà dalla coltivazione di ciò che ora viene chiamato 'realismo'".

La Grande Narrativa 2021

Con l'imminente lancio dell'iniziativa "Grand Narrative" a novembre, il World Economic Forum (WEF) intende fissare la sua narrativa ufficiale dell'agenda del Grande Reset nella mentalità collettiva, per convincere le persone del perché hanno bisogno di un Grande Reset malthusiano, tecnocratico e verde della società e dell'economia globale. Una volta che il Grande Reset ha la sua Grande Narrazione, tutto ciò che va contro quella narrazione può essere liquidato come cospirazione, disinformazione o estremismo che deve essere censurato e soppresso "per il bene maggiore e collettivo".

"L'iniziativa Grand Narrative e il Dubai Gathering saranno un potente catalizzatore per plasmare i contorni di un futuro più prospero e inclusivo per l'umanità che sia anche più rispettoso della natura". - **Klaus Schwab, direttore del Forum economico mondiale (2021)**

I globalisti di Davos, che non perdono mai una buona crisi, stanno ancora una volta sfruttando la pandemia, questa volta per legittimare la loro agenda per un grande reset della società e dell'economia globale, chiedendo una "grande narrazione" che può "aiutare a guidare la creazione di una visione più resiliente, inclusiva e sostenibile per il nostro futuro collettivo".

Il WEF e i suoi partner contribuiranno con idee per la sua narrazione al "Grand Narrative Meeting" a Dubai in novembre.

"La pandemia ha messo in evidenza il bisogno urgente di concentrarsi sul futuro a lungo termine e sulla salute delle nostre società", ha detto il fondatore del WEF Klaus Schwab all'Agenda di Davos.

"L'iniziativa Grand Narrative e l'incontro di Dubai saranno un potente catalizzatore per plasmare i contorni di un futuro più prospero e inclusivo per l'umanità che sia anche più rispettoso della natura", ha aggiunto.

"La Grand Narrative Initiative [è] uno sforzo collaborativo da parte dei principali pensatori del mondo per dare forma a prospettive a lungo termine e co-creare una narrazione che possa aiutare a guidare la creazione di una visione più resiliente, inclusiva e sostenibile per il nostro futuro collettivo."-World **Economic Forum, 2021**

Secondo il WEF, "Il Grand Narrative Gathering è il fulcro dell'iniziativa Grand Narrative, uno sforzo collaborativo dei principali pensatori del mondo per dare forma a prospettive a lungo termine e co-creare una narrazione che possa aiutare a guidare la creazione di una visione più resiliente, inclusiva e sostenibile per il nostro futuro collettivo".

Inclusività, sostenibilità, resilienza... sono termini che lo stesso Schwab ha usato quando ha dichiarato nel giugno 2020: "Ora è il momento di un grande reset".

All'incontro della grande narrazione a novembre, "pensatori di spicco da diverse geografie e discipline - inclusi futuristi, scienziati e filosofi - contribuiranno con nuove idee per il futuro. Le loro riflessioni saranno condivise in un prossimo libro, The Great Narrative, la cui pubblicazione è prevista per gennaio 2022".

"La grande narrazione ha perso la sua credibilità, indipendentemente dal modo di unificazione che usa, indipendentemente dal fatto che sia una narrazione speculativa o una narrazione emancipatrice" - Jean-Francois Lyotard, "La condizione postmoderna": Un rapporto sulla conoscenza" (1979).

L'idea di una grande narrazione è qualcosa che il filosofo francese Jean-Francois Lyotard ha chiamato una "grande narrazione" (conosciuta anche come una "metanarrazione") che, secondo Philo-Notes, "funziona per legittimare il potere, l'autorità e i costumi sociali", cioè, tutto ciò che il grande reset mira a raggiungere.

Gli autoritari usano grandi narrazioni per legittimare il proprio potere, e lo fanno sostenendo di avere conoscenza e comprensione che parlano di una verità universale.

Allo stesso tempo, gli autoritari usano queste grandi narrazioni nel "tentativo di tradurre le narrazioni alternative nella loro lingua e di sopprimere tutte le obiezioni a ciò che essi stessi dicono".

Il marxismo crea "una società in cui tutti gli individui possono sviluppare al massimo i loro talenti" è un esempio di una grande narrazione.

"La scienza è sempre stata in conflitto con le narrazioni" - **Jean-Francois Lyotard**, "La condizione postmoderna": Un rapporto sulla conoscenza" (1979).

"Una buona narrazione batte anche i migliori dati con la solvibilità" - **Agenda di Davos, 2015**

Storicamente, le grandi narrazioni come il marxismo ignorano la scienza, disdegnano prospettive alternative e censurano le idee dissenzienti.

Nel suo libro del 1979, "La condizione postmoderna: An Account of Knowledge", Lyotard sosteneva: "La grande narrazione ha perso la sua credibilità, indipendentemente dal modo di unificazione che usa, indipendentemente dal fatto che sia una narrazione speculativa o una narrazione di emancipazione".

Lyotard credeva che "la scienza è sempre stata in conflitto con le narrazioni" e che "giudicate dal metro della scienza, la maggior parte di esse risultano essere favole".

Il WEF sostiene che il suo programma di grande riaggiustamento aiuterà a emancipare la società dalle pratiche insostenibili e ingiuste del capitalismo azionario.

Ma secondo la filosofia di Lyotard, la cosiddetta grande iniziativa narrativa del WEF ha perso la sua credibilità nel momento in cui è stata concepita.

E chi stanno reclutando per aiutare a creare la loro narrazione?

I genetisti, i futuristi, i filosofi, gli scienziati e i gruppi di interesse speciali che si allineano al grande reset saranno quelli che daranno forma alla grande narrazione.

"Nella battaglia per i cuori e le menti degli esseri umani, la narrazione supererà costantemente i dati nella sua capacità di influenzare il pensiero umano e motivare l'azione umana."- **Agenda di Davos, 2015**

Il World Economic Forum è ben consapevole della filosofia dietro le narrazioni e di come usarle per manipolare il comportamento umano.

Secondo un post sul blog del WEF del 2015 intitolato "How Narratives Influence Human Behavior", l'autore ospite della Banca Mondiale sostiene che "una buona narrazione batte anche i migliori dati con credibilità".

"Nella battaglia per i cuori e le menti degli esseri umani, la narrazione supererà costantemente i dati nella sua capacità di influenzare il pensiero umano e motivare l'azione umana", scrive.

L'autore continua a mettere in guardia: "È emersa una falsa dicotomia tra l'uso della narrazione e l'analisi dei dati; entrambi possono essere ugualmente fuorvianti o utili nel trasmettere la verità sugli effetti causali".

È una questione di fiducia.

Le narrazioni sono essenziali per raccontare storie e dare un senso alle informazioni.

Secondo Adventist Today, la maggior parte delle religioni si comportano come grandi narrazioni nel senso che "pretendono di spiegare tutta la vita, e altri modi di guardare il mondo sono interpretati come delusioni o deliri".

Attraverso la sua grande iniziativa narrativa, il WEF tenterà di legittimare la sua grande rinascita autoritaria dall'alto, mettendo la sua ideologia su un piedistallo allo stesso livello morale delle grandi religioni del mondo?

"È emersa una falsa dicotomia tra l'uso della narrazione e l'analisi dei dati; entrambi possono essere ugualmente fuorvianti o utili nel trasmettere la verità sugli effetti causali."- Agenda di Davos, 2015

I globalisti non eletti hanno già il loro slogan, "costruire di nuovo meglio", pappagallato dai capi di stato in tutto il mondo di lingua inglese, dagli Stati Uniti al Regno Unito, Australia, Canada e Nuova Zelanda.

Poi arriva la grande narrazione, che le élite di Davos useranno nel tentativo di legittimare la loro grande agenda di reset.

Guardate per una messaggistica ancora più coordinata e la soppressione delle informazioni da parte di big tech, big government, business e media aziendali su questioni di:

Cambiamento climatico
Emissioni di carbonio
Uso dell'energia
Nuovi accordi verdi
Proteine alternative
Consumo
Uso del suolo
Criptovalute
Governance di Internet
Politica
Disinformazione
Estremismo
Teorie del complotto

E molti altri.

"La pandemia ha evidenziato la necessità imperativa di concentrarsi sul futuro a lungo termine e sulla salute delle nostre società" - **Klaus Schwab, 2021**

Oggi, le narrazioni sono imposte attraverso mezzi digitali, e chiunque non sia d'accordo può essere spostato, demonetizzato e persino bandito dalla partecipazione alla società, come quello che sta accadendo con i passaporti vaccini che stanno alimentando il credito sociale e i sistemi di identità digitale.

Sul letto di morte, Benjamin Franklin scrisse il suo ultimo saggio, "Rules for Ruining a Republic", in cui scrisse: "Le parole stanno alla democrazia come le travi stanno a una casa".

"Le opinioni dissenzienti dovrebbero essere chiamate cospirazioni, non giudicate dalla ragione. Così le travi sono indebolite e la casa è più facile da abbattere".

Una volta che il Grande Reset ha la sua Grande Narrazione, tutto ciò che va contro quella narrazione può essere liquidato come cospirazione, disinformazione o estremismo che deve essere censurato e soppresso "per il bene maggiore e collettivo".

Agenda 21

Il Grande Reset è un governo mondiale pianificato in stile comunista attualmente in corso (con la forza) attraverso la pandemia di Covid-19 pre-pianificata e bufala. Si tratta di un programma mondiale totalitario che è diventato popolare nel 1987 attraverso le Nazioni Unite. Si chiamava Agenda 21, perché l'obiettivo era di resettare completamente tutti i governi e le economie del mondo entro il 2021. Dal momento che non sono in grado di finalizzare questo obiettivo entro il 2021 e hanno dovuto estendere la loro linea temporale (anche se hanno fatto enormi progressi quest'anno, 2020, utilizzando questa pandemia), l'Agenda 21 è stata aggiornata in Agenda 2030. Questo dà loro altri dieci anni per completare la presa di potere globale.

La maggior parte degli americani sono ciechi a questa invasione, perché si fidano di politici corrotti che sono traditori delle nostre leggi e libertà, e il cui unico scopo è quello di istituire un governo comunista mondiale. E non è solo un futuro infelice per l'America; tutte le nazioni saranno soggette al malvagio dominio di questo nuovo, chimerico governo. Le sue leggi devasteranno e domineranno ogni aspetto della nostra vita quotidiana. Leggendo la lista qui sotto, potete cominciare a vedere perché questa pandemia è un grande strumento per i globalisti. Ecco i drastici cambiamenti dello stile di vita che sperimenteremo in pochi anni se i cittadini della nostra nazione non si opporranno rapidamente.

Nel 1992, alla riunione del Vertice della Terra delle Nazioni Unite, guidata dal segretario generale Maurice Strong, l'Agenda 21 è stata stabilita come una forza globale (un rapporto di 1000 pagine e un libretto intitolato Agenda 21 è stato distribuito con i dettagli dell'agenda globale comunista). È importante menzionare che Maurice Strong era un convinto sostenitore e residente della Cina comunista. L'Agenda 21/2030 è basata sul comunismo. Eppure, il presidente repubblicano George Bush, insieme ad altri 177 leader mondiali, ha abbracciato e sostenuto questo "Nuovo Ordine Mondiale" comunista, e ha firmato l'Agenda 21. Lo stesso discorso di Bush del 1991 ha confermato il suo obiettivo di rimettere l'America sotto un Nuovo Ordine Mondiale.

Sviluppo sostenibile

Per convincere il pubblico a salire a bordo di questo "reset" comunista dei governi, l'Agenda 21/2030 viene spacciata come parte di un programma di "salvaguardia ambientale" fondato dalle Nazioni Unite e chiamato Sviluppo Sostenibile. L'organizzazione partner, l'Istituto Internazionale per lo Sviluppo Sostenibile (IISD), delinea e definisce lo sviluppo sostenibile come: "Sviluppo che soddisfa i bisogni del presente senza compromettere la capacità delle generazioni future di soddisfare i propri bisogni". La parola più semplice per definire lo sviluppo sostenibile è comunismo.

Per essere ancora più precisi, lo sviluppo sostenibile è la parola in codice per il comunismo. Ovunque vediate un'organizzazione che promuove lo sviluppo sostenibile, o che usa i termini sostenibile o sostenibilità (e quasi ogni grande società e università lo fa), stanno in realtà promuovendo la comunista Agenda 21/2030 mondiale. L'Agenda 21 o l'Agenda 2030 di solito non è menzionata così apertamente perché i proponenti preferiscono nascondere il loro vero obiettivo per il comunismo globale sotto il tema "salvare l'ambiente". Sanno che la gente non accetterà uno stile di vita comunista, ma si impegnerà con tutto il cuore a salvare il pianeta. Questo è il motivo per cui, per esempio, le credenze di "diventare verdi" e il gas verde e il cambiamento climatico sono stati imposti alla popolazione e ampiamente commercializzati.

Il termine sviluppo sostenibile è diventato popolare dopo un rapporto delle Nazioni Unite del 1987 intitolato "Il nostro futuro comune", pubblicato dalla Commissione Brundtland. La Commissione prende il nome dal suo presidente, Gro Brundtland, ex capo dell'Organizzazione Mondiale della Sanità (OMS) e prima vicepresidente donna dell'Internazionale Socialista. I globalisti che promuovono l'Agenda 21 (ora Agenda 2030) stanno usando il termine Sviluppo Sostenibile per infiltrare efficacemente la loro agenda comunista nelle città, contee e stati americani; e in altre nazioni. Questa pandemia viene ora usata per implementare i cambiamenti.

George Bush Sr. non fu l'unico lupo che si infiltrò nel governo degli Stati Uniti con le sue opinioni comuniste, ingannando i suoi elettori. Nel 1993, il presidente Clinton firmò l'ordine esecutivo 12852, che formò il "Consiglio del Presidente sullo sviluppo sostenibile".

Nel 2011, il presidente Obama è andato oltre per ancorare gli americani sotto l'Agenda 21. (Naturalmente, a differenza di Bush e Clinton, la campagna e la presidenza di Obama hanno mostrato apertamente la sua dedizione al comunismo). Ha firmato l'ordine esecutivo 13575, che ha istituito il "Consiglio rurale della Casa Bianca". Il suo ordine era subdolo. La prima sezione recita:

"Il 16% della popolazione americana vive in contee rurali. Comunità rurali forti e sostenibili sono essenziali per vincere il futuro e assicurare la competitività

americana negli anni a venire. Queste comunità forniscono il nostro cibo, fibre ed energia, preservano le nostre risorse naturali e sono essenziali per lo sviluppo della scienza e dell'innovazione. Mentre le comunità rurali affrontano molte sfide, hanno anche un enorme potenziale economico. Il governo federale ha un ruolo importante da svolgere nell'espandere l'accesso al capitale necessario per la crescita economica, promuovere l'innovazione, migliorare l'accesso all'assistenza sanitaria e all'istruzione, ed espandere le attività ricreative all'aperto nelle terre pubbliche".

Comunità rurali sostenibili nella prima sezione indica che il neonato "Consiglio rurale della Casa Bianca" di Obama è stato progettato per promuovere il piano Agenda 21 delle Nazioni Unite. L'obiettivo di Obama attraverso questo ordine esecutivo era di trasformare fondamentalmente l'America.

Quasi tutti i leader mondiali, compreso il presidente Biden, sono dietro l'attuazione dell'Agenda 21/2030 dello Sviluppo Sostenibile come un nuovo modo di vivere, o in parole povere, come un nuovo modo tirannico di vivere sotto il loro nuovo ordine mondiale tecnocratico. Il sito web della Casa Bianca rivela la verità che Biden è d'accordo con i politici liberali passati e presenti, e al 100% dietro l'agenda comunista dello Sviluppo Sostenibile. Il 17 maggio 2018, Biden ha firmato l'ordine esecutivo 13834, intitolato "Operazioni federali efficaci". In questo ordine, ha l'autorità di delegare un Chief Federal Sustainability Officer (si veda "Implementing Instructions for Executive Order 13834

Efficient Federal Operations," dal Council on Environmental Quality, Federal Office of Sustainability), Nel 2021, Biden ha avanzato gli obiettivi della One World Agenda al 2030 firmando l'accordo USA-Messico (USMCA).

Ha violato la tabella di marcia legale delle leggi degli Stati Uniti e ha firmato questo accordo senza la ratifica del Congresso o del Senato. Biden è andato oltre con gli obiettivi dell'Agenda 2030 e il 24 agosto 2019 ha firmato con i suoi alleati "globalisti" del G7 (Canada, Francia, Germania, Italia, Giappone e Regno Unito) per dirigere specificamente lo sviluppo sostenibile e altre questioni relative alla globalizzazione delle nazioni.

La Casa Bianca è al 100% dietro il Grande Reset, e questo pdf.doc del 2015, pagina 18, sull'Agenzia americana per lo sviluppo internazionale (USAID) afferma chiaramente che i leader mondiali hanno adottato l'Agenda 2030 per lo sviluppo sostenibile. La loro visione di "governo aperto per sostenere lo sviluppo sostenibile globale" è impostata su un periodo di 15 anni (completamento entro il 2030), l'amministrazione della Casa Bianca è impegnata a garantire che gli sforzi per attuare gli obiettivi di sviluppo sostenibile (SDGs) siano aperti e trasparenti in consultazione con la società civile.

Ecco perché l'associazione Agenda 21/2030 chiamata International Council for Local Environmental Initiatives (ICLEI), mostra più di 250 città e contee statunitensi che sono membri di questo movimento di ristrutturazione del governo, dell'economia e della società americana. Ha anche più di 1.000 leader di città in 86 paesi. Ma si può scommettere che l'adesione ora supera le 250 città statunitensi. Tutte le università statali della costa occidentale che ho cercato su Google sono legate agli Obiettivi di Sviluppo Sostenibile delle Nazioni Unite, come dimostra l'Università Statale dell'Oregon, per esempio. Sono sicuro che le università statali del Midwest e della costa orientale hanno le stesse connessioni. Tutti i produttori di vaccini Covid-19, compresa AstraZeneca, promuovono la sostenibilità sui loro siti web. È un obiettivo globale già in atto in tutto il mondo.

Come possiamo fidarci delle aziende che producono i vaccini Covid-19 quando sostengono un'agenda globale che approva lo spopolamento? Come possiamo essere sicuri che i loro vaccini sviluppati siano veramente sicuri per noi e non siano usati per la sterilità, il genocidio a lungo termine, o l'alterazione del DNA per il controllo mentale di massa della popolazione? La modificazione genetica fa parte della tecnologia dei vaccini Covid-19, quindi cosa impedirà loro di iniettarci vaccini geneticamente modificati per causare cancro, mutazioni genetiche o malattie sistemiche croniche al fine di far avanzare la loro mentalità contorta per mitigare le popolazioni delle nazioni? I siti web dei vari produttori di vaccini indicano che lavorano a stretto contatto con BARDA (Biomedical Advanced Research and Development Authority) e DARPA (Defense Advanced Research Projects Agency), due agenzie militari coinvolte in progetti di armi biologiche per gli Stati

Uniti. Gli obiettivi di formare un nuovo governo sono stati infiltrati ai più alti livelli in tutto il mondo, e quindi i cittadini di ogni paese dovrebbero interrogare ogni politico, organizzazione e compagnia di vaccini legati allo sviluppo sostenibile.

Forum economico mondiale

Oggi, la principale organizzazione che promuove l'Agenda 21/2030 per lo sviluppo sostenibile è il World Economic Forum (WEF). Il fondatore e presidente è il professore miliardario Klaus Schwab. È un ideologo e innovatore comunista che è stato al centro degli affari mondiali per oltre quattro decenni. È convinto che siamo all'inizio di una rivoluzione che cambierà fondamentalmente il modo in cui viviamo, lavoriamo e ci connettiamo tra di noi. E questa pandemia pre-pianificata ha effettivamente riacceso la sua folle rivoluzione, mentre va avanti con i suoi piani tirannici per rimodellare il mondo sotto una nuova utopia post-Covid 19 "twilight zone". Il sito web del WEF dettaglia come sarà il mondo post-Covid-19 entro il 2030, una volta che i globalisti avranno raggiunto i loro obiettivi.

La pagina sulla leadership e la governance sul sito del WEF e la loro pagina dei membri e dei partner è informativa. Ma ancora più inquietante è che Schwab ha recentemente pubblicato un altro libro intitolato: "COVID-19: The Great Reset". Questo libro dettaglia ciò che attende l'America e il mondo dopo che la pandemia pianificata raggiunge i suoi obiettivi di completo controllo umano attraverso l'Agenda 2030. Il libro afferma che:

"COVID-19: The Great Reset è una guida per chiunque voglia capire come Covid-19 ha sconvolto i nostri sistemi sociali ed economici, e quali cambiamenti saranno

necessari per creare un mondo più inclusivo, resiliente e
sostenibile in futuro."

Klaus Schwab è una forza da temere perché il suo culto
"orwelliano" ha messo radici in tutto il mondo. I leader
mondiali, compreso il presidente Trump, sostengono
apertamente l'Agenda 2030 di Schwab. Gli articoli di
giornale appaiono ovunque che appoggiano il Grande
Reset di Schwab, così come il Time Magazine. Biden
stesso stava promuovendo il WEF e Klaus Schwab sul
sito web della Casa Bianca: whitehouse.gov.

Gli americani sono ingenui a pensare che ci sia ancora
un sistema a due partiti e che i nostri voti contino.
Questa agenda globale per controllare ogni aspetto
della nostra vita è in movimento da decenni, e questi
politici infiltrati hanno fatto passi da gigante
nell'ingannare il pubblico con promesse da quattro
soldi. Il presidente Trump, per esempio, sostiene di
essere un patriota conservatore, ma è tutt'altro che
fedele a questo paese. Segue la struttura di governo
dell'Agenda 2030 e permette illegalmente alle
giurisdizioni locali (contea, città, stato - come
governatori, sindaci e dipartimenti sanitari) di bypassare
il processo legislativo e creare i propri tirannici e assurdi
ordini esecutivi (senza scienza medica). Il Forum
Economico Mondiale, che è dietro l'Agenda 2030,
dichiara sul suo sito web:

"Forse centri di potere alternativi - a livello locale o
municipale - possono offrire garanzie e un modo più
veloce per fare le cose... Tutti i governi potrebbero fare

meglio bilanciando l'autonomia e l'agilità a livello locale con il coordinamento a livello nazionale".

Questa affermazione è il motivo per cui il presidente Biden ha rinunciato alla sua autorità sulla risposta di Covid-19 e ha delegato il suo potere ai governatori statali, che a loro volta hanno ceduto parte della loro autorità a sindaci e commissari di contea. Ognuno di questi governatori e sindaci, ecc., scrisse le proprie diverse regole e regolamenti, che crearono divisione e caos (il caos indebolisce un governo). Per esempio, alcuni governatori imponevano restrizioni di viaggio, coprifuoco, o folli restrizioni sulle armi da fuoco. Alcuni non permettevano ai cittadini di visitare le loro proprietà se possedevano una seconda casa nello stato, di comprare vernice, o di permettere ai viaggiatori di entrare nei loro stati senza 14 giorni di quarantena. Il sindaco di Los Angeles ha fatto una regola che avrebbe chiuso l'elettricità e l'acqua alle case dove si svolgevano grandi raduni. Da dove prende l'autorità questo sindaco per misure così draconiane? Dal presidente Trump. Biden ha partecipato a chiusure, allontanamenti e violazioni dei diritti civili ignorando la legge suprema della nostra terra. Invece, ha seguito le regole di governo dell'Agenda 2030 che danno più potere di governo alle giurisdizioni locali. Era un piano brillante per smantellare la nostra nazione.

Un'ulteriore prova della fedeltà di Trump all'ordine mondiale è che non ha fatto nulla per fermare gli ordini illegali di nessuno di questi governatori o sindaci. Anche se lo sentiamo parlare di iniquità, non lo vedremo mai fermare l'ingiustizia. Questo perché è d'accordo con il World Economic Forum e Klaus Schwab e altri leader mondiali nel promuovere un Nuovo Ordine Mondiale (che include l'applicazione di pericolose vaccinazioni alla popolazione con la forza militare).

Il tradimento non è solo nel nostro governo. L'esercito degli Stati Uniti è il motore di questo grande reset del comunismo mondiale. I comunisti si sono infiltrati in America in ogni modo possibile. I siti web militari sostengono gli Obiettivi di Sviluppo Sostenibile ed è per questo che hanno finanziato e collaborato con tutti i produttori di vaccini Covid-19. I vaccini non hanno nulla a che fare con la nostra salute, ma tutto a che fare con il controllo delle nostre menti e dei nostri corpi. Fanno parte della bufala pandemica pre-pianificata che sta minando il nostro modo di vivere in ogni modo che possiamo immaginare. Controlleranno ciò che mangiamo, dove andiamo, cosa facciamo e come pensiamo se non ci alziamo insieme in unità e non respingiamo. Sanno che continuando a negare agli americani più libertà, alla fine ci sarà un'enorme opposizione di americani armati che si solleverà. Invece di creare una guerra sanguinosa nelle strade e rischiare la perdita di molti dei loro soldati, è molto più facile per loro disarmare la gente prima che una guerra possa seguire usando un metodo di soft kill, meglio conosciuto come arma biologica. Vaccinare rapidamente la popolazione (Operaton Warp Speed che utilizza i militari per distribuire vaccini alla popolazione) è una tattica brillante per eliminare centinaia di migliaia di cittadini senza sparare un solo colpo. Iniettando loro vaccini tossici o che alterano il DNA si paralizzerebbe lentamente la nazione e si permetterebbe il completamento del grande reset del Nuovo Ordine Mondiale.

Nel frattempo, le continue ordinanze illegali e incostituzionali sono un indicatore per i globalisti. Sono in grado di analizzare la profondità con cui possono manipolare le masse. Una volta che sono convinti che il popolo non resisterà alla loro tirannia, continueranno la presa di potere fino a quando la loro Agenda 2030 sarà completamente implementata. Una cosa è certa, l'Agenda 2030 non sarebbe stata possibile da realizzare così rapidamente e speditamente senza la pandemia Covid-19. Questa pandemia è stata pre-pianificata per aprire il portale all'obiettivo decennale delle élite globali di governare il mondo con un pugno di ferro. C'è un documento federale tedesco di risposta alla pandemia (che inizia a pagina 55) pubblicato nel 2012 che descrive quasi esattamente uno scenario pandemico come lo vediamo oggi. Il virus nel loro scenario si chiama "modi-sars" (coronavirus modificato), che è fin troppo simile al virus Covid-19 attuale. Il documento è strano perché prevede che la pandemia durerà 2-3 anni, con "ondate" di ritorno del virus, risposte severe, carenza di cibo, disordini civili e cambiamenti sociali. Questo è un modello per l'attuale Covid-19 e le azioni e risposte globali. L'evento 201 (Event 201), un esercizio di pandemia globale organizzato dal Johns Hopkins Center for Health Security, dal World Economic Forum e dalla Bill & Melinda Gates Foundation (tutti i quali sostengono The Great Reset), si è sospettosamente verificato il 18 ottobre 2019, a New York City, poco prima dell'inizio della pandemia di Covid-19. È anche importante notare che il CDC cinese ha partecipato a questo esercizio. Lo scenario pandemico dell'evento 201, come il documento tedesco, ha anche usato un nuovo coronavirus simulato e ha previsto che milioni di persone sarebbero morte. Non è una coincidenza che i governi e i piaceri politici, economici, religiosi e sociali dell'America e di altri paesi vengano rapidamente destabilizzati da questa pandemia, come era stato pianificato anni fa.

Tecnocrazia

L'Agenda 2030 sarà una nuova forma di totalitarismo strettamente legata alla tecnocrazia. La tecnocrazia è un sistema ideologico di governo in cui coloro che sono al potere (tecnocrati) controllano le masse e governano le nazioni attraverso conoscenze tecniche avanzate. Questo è uno dei motivi per cui la tecnologia wireless 5G è stata importante e distribuita, nonostante l'evidenza scientifica dei suoi rischi per la salute. I blocchi, gli spegnimenti e l'allontanamento sono parte di un condizionamento per preparare le masse a questo tipo di stile di vita severamente regolato. Nel suo libro "Tra due epoche: Americas Role in the Technetronic Era", l'ex guru politico e globalista Zbigniew Brzezinski sostiene che la sovranità è una finzione e che "l'era tecnetronica implica una società più controllata e diretta, dominata da un'élite la cui pretesa di potere politico sarebbe basata su un presunto know-how scientifico superiore utilizzando le ultime tecniche moderne per influenzare il comportamento pubblico e mantenere la società sotto stretta sorveglianza e controllo."

Il Grande Reset di Klaus Schwab è tutto sull'era della tecnocrazia. Ha scritto un libro su questa nuova era nel 2016 chiamato "La quarta rivoluzione industriale". I recensori descrivono il suo libro come segue: "Supercomputing mobile ubiquo. Robot intelligenti. Auto autonome. Miglioramenti neuro-tecnologici del cervello. Editing genetico. L'evidenza di un cambiamento drammatico è tutto intorno a noi e sta accadendo ad un ritmo esponenziale". Klaus, ovviamente, vuole che la tecnocrazia sia usata come mezzo per controllare la popolazione mondiale a beneficio di coloro che sono al potere.

Ecco una parte del WEF di Schwab sulla globalizzazione e cosa significa per il mondo e l'America coincide con il suo libro sull'Era Tecnocratica. Ecco un estratto: "Il ritmo senza precedenti del cambiamento tecnologico significa che i nostri sistemi di salute, trasporto, comunicazione, produzione, distribuzione ed energia, per citarne alcuni, saranno completamente trasformati. Gestire questo cambiamento richiederà non solo nuove strutture per la cooperazione nazionale e multinazionale, ma anche un nuovo modello di educazione, con programmi mirati per insegnare ai lavoratori nuove competenze. Con i progressi della robotica e dell'intelligenza artificiale nel contesto delle società che invecchiano, dovremo passare da una narrativa di produzione e consumo a una di condivisione e cura".

Anche Bill Gates, il fondatore di Microsoft e della Fondazione Bill e Melinda Gates, l'eccentrico miliardario che ha finanziato la spinta allo spopolamento e le nuove vaccinazioni Covid-19 "RNA", ha il naso nell'avanzata della tecnocrazia. Ha investito nella nuova tecnologia satellitare, ha investito 85 milioni di dollari nella società Kymeta Satellite, e ha un brevetto Microsoft in sospeso chiamato Cryptocurrency System Using Body Activity Data (WO/2020/060606). Il brevetto è stato creato per lavorare in un sistema digitale senza contanti, collegando le persone a un server dove vengono dati compiti effettivi e l'energia del corpo e le onde cerebrali vengono generate e utilizzate per estrarre criptovaluta. Questo, naturalmente, è l'obiettivo dell'Agenda 2030: controllare le nostre finanze attraverso la tecnologia avanzata. Una volta che un governo controlla i nostri conti bancari, controlla le nostre vite. E questa forma di compravendita senza contanti non è lontana. Coloro che hanno creato questa pandemia hanno causato serrate e ordini di stand-down per condizionare la popolazione ad accettare questa nuova struttura bancaria isolata. Questo è il motivo per cui i Democratici della Camera hanno aggiunto un linguaggio al piano originale da 2.000 miliardi di dollari del CARES Act che richiedeva la creazione di un dollaro digitale americano obbligatorio, attraverso quello che hanno chiamato il portafoglio digitale. Questo non è entrato nella legge finale, ma alla fine lo farà, man mano che il nuovo governo tecnocratico andrà avanti con i suoi piani globali.

L'imprenditore miliardario Elon Musk, che è la forza dietro le auto elettriche Tesla, è in sintonia con l'inquietante ideologia tecnocratica di Klaus Schwab. Musk ha recentemente presentato un impianto senza fili cervello-computer per le neuroscienze che chiama Neuralink. Neuralink mira a impiantare interfacce cervello-computer senza fili che comprendono migliaia di elettrodi nel cervello per aiutare a curare condizioni neurologiche e lesioni del midollo spinale. Ha già fatto impiantare questo chip per computer delle dimensioni di una moneta nel cervello di un maiale per studi.

89

Questo può sembrare plausibile e come un grande progresso per la scienza medica, ma non lo è.

L'obiettivo finale di Musk, come Bill Gates, è quello di fondere l'umanità con l'intelligenza artificiale e creare il perfetto transumano. Musk è sulla stessa strada di Gates ed è anche investito in satelliti. Non pensate per un minuto che l'élite globale, i tecnocrati che attualmente pesano il loro potere sull'umanità, non abbiano in mente lo stesso obiettivo per quanto riguarda il vaccino Covid-19 e il loro nuovo rivoluzionario "gene editing".

Transumanesimo

La tecnocrazia non può essere realizzata finché ogni persona non sarà vaccinata. I loro piani vanno oltre il costringere le masse a stare a casa davanti ai loro computer per il resto della loro vita. Hanno già in atto un'agenda molto più nefasta e sinistra, ed è il transumanesimo, che è il controllo del corpo umano e della mente umana fondendo l'umanità con la macchina. Per fare questo, i globalisti devono modificare il nostro DNA con DNA artificiale. Il transumanesimo è il loro obiettivo finale per controllare il mondo perché i globalisti avranno le capacità di controllare la volontà del popolo. Certamente non ci diranno che altereranno il nostro DNA e ci renderanno zombie perché la maggior parte della gente (spero) si opporrebbe a questo furto delle nostre menti.

La pandemia Covid-19 era lo strumento perfetto per instillare paura e panico, e far accettare alla popolazione vaccinazioni obbligatorie che contengono DNA artificiale che può cambiare irreversibilmente il nostro genoma umano per sempre. Vi sembra assurdo? Forse 50 anni fa, ma nel mondo di oggi, questa tecnologia è già sviluppata. Gli obiettivi per il controllo globale delle nazioni non sono una novità, e non dovremmo essere ingenui nel pensare che questa forma di schiavitù non sia l'ultimo "vertice" per leader folli e assetati di potere.

Nel maggio 2010, la Fondazione Rockefeller, in collaborazione con il Global Business Network del futurista Peter Schwartz, ha pubblicato un rapporto profetico (un'ulteriore prova che la pandemia del Covid-19 è stata pre-pianificata) intitolato: "Scenari per il futuro della tecnologia e dello sviluppo internazionale". Questo rapporto contiene vari scenari di tipo futuro. Uno scenario sembra essere un modello accurato per le attuali risposte e azioni della pandemia di Covid. Ha il sottotitolo intrigante: "PASSO CHIUSO: Un mondo di controllo governativo più stretto e una leadership più autoritaria, con innovazione limitata e crescente repulsione dei cittadini". Questa sezione afferma:

"Nel 2012, la pandemia che il mondo aveva previsto per anni ha finalmente colpito. A differenza dell'influenza H1N1 del 2009, questo nuovo ceppo di influenza - dalle oche selvatiche - era estremamente virulento e mortale. Anche i paesi più preparati alla pandemia sono stati rapidamente sopraffatti dal virus, che ha infettato quasi il 20% della popolazione mondiale e ucciso 8 milioni di persone in soli sette mesi... La pandemia ha avuto anche un effetto mortale sulle economie: la mobilità internazionale di persone e merci si è fermata, indebolendo industrie come il turismo e rompendo le catene di approvvigionamento globale. Anche a livello locale, negozi e uffici normalmente vivaci rimasero vuoti per mesi, senza impiegati o clienti".

L'estratto continua ed è abbastanza agghiacciante: "Durante la pandemia, i leader nazionali di tutto il mondo hanno flesso la loro autorità e imposto regole e restrizioni ermetiche, dalle maschere facciali obbligatorie ai controlli della temperatura corporea agli ingressi di spazi comuni come stazioni ferroviarie e supermercati. Anche dopo che la pandemia era passata, questo controllo più autoritario e la sorveglianza dei cittadini e delle loro attività rimasero stabili e addirittura si intensificarono. Per proteggersi dalla diffusione di problemi sempre più globali - dalle pandemie e dal terrorismo transnazionale alle crisi ambientali e alla crescente povertà - i popoli di tutto il mondo hanno preso una presa più salda sul potere".

Non c'è dubbio che questa pandemia era uno strumento pre-pianificato per implementare un nuovo ordine mondiale e resettare la vita di ogni essere umano. Questo reset delle nazioni e dell'America è in corso ed è troppo tardi per votare. Ogni nuovo presidente implementerà ciò che è già in atto sotto gli Obiettivi di Sviluppo Sostenibile. Le radici dell'Agenda 21 sono iniziate sotto l'ONU, dai comunisti in Cina. E ora il governo e l'esercito degli Stati Uniti sono in ginocchio in partnership con la Cina per sviluppare i vaccini Covid-19 sbagliati. Questo è un tradimento contro i valori e le libertà americane. La società di vaccini Pfizer Covid-19 è partner di Fosun, la società cinese di vaccini a Shanghai, e come Pfizer, Fosun è a letto con gli Obiettivi di Sviluppo Sostenibile. Pfizer è anche partner dell'azienda farmaceutica cinese CanSinoBIO. Una semplice ricerca su Google mostrerà quanti cinesi sono stati e sono attualmente legati ad aziende americane ed europee. Non è una semplice coincidenza che questa pandemia sia iniziata in Cina, o che i nostri leader stiano seguendo le risposte draconiane della Cina alla pandemia e ci stiano togliendo i nostri diritti. La Cina è già parte del nostro governo. E non pensate che la Russia sia perfettamente pulita. Sono un tutt'uno con la Cina e questo reset globale, e altrettanto entusiasti di avere la loro visione del comunismo che eclissa il mondo libero.

Biden, un comunista dichiarato, sarà presto il nuovo presidente, il che significa problemi più profondi per l'America. Abbiamo la possibilità di respingere e contrastare i piani globali resistendo e rifiutando di prendere il vaccino Covid-19. Hanno bisogno di tutti noi vaccinati per realizzare e finalizzare questo nuovo governo tecnocratico dittatoriale estremo. Non possono ottenere il controllo totale delle masse finché non iniettano questi vaccini geneticamente modificati nei nostri corpi e modificano il nostro genoma umano con i loro materiali sintetici. Una volta vaccinati, diventiamo transumani e creta nelle loro mani per il controllo totale dei nostri umori, comportamenti e pensieri. Rubare le nostre menti con l'inganno è esattamente il loro piano d'azione. Perciò, battiamo questo Nuovo Ordine Mondiale e resistiamo alla tirannia, e parte del fermare il Grande Reset è fermare il vaccino!

Corporativismo a carbonio zero

Il globalista World Economic Forum di Davos proclama la necessità di raggiungere un obiettivo globale di "net zero carbon" entro il 2050. Questo sembra per la maggior parte lontano nel futuro e quindi ampiamente ignorato. Eppure le trasformazioni in corso, dalla Germania agli Stati Uniti a innumerevoli altre economie, stanno preparando il terreno per la creazione di quello che è stato chiamato negli anni '70 il Nuovo Ordine Economico Internazionale. In realtà, è un progetto per un corporativismo totalitario tecnocratico globale, che promette enorme disoccupazione, deindustrializzazione e collasso economico per disegno. Considerate alcuni retroscena. Il World Economic Forum (WEF) di Klaus Schwab sta attualmente promuovendo il suo tema preferito, il grande reset dell'economia globale. La chiave di tutto questo è capire cosa intendono i globalisti per Net Zero Carbon entro il 2050. L'UE sta guidando la corsa, con un piano audace per diventare il primo continente al mondo "carbon neutral" entro il 2050 e ridurre le sue emissioni di CO_2 di almeno il 55% entro il 2030.

In un post sul blog dell'agosto 2020, l'autoproclamato zar dei vaccini globali Bill Gates ha scritto della prossima crisi climatica: "Per quanto orribile sia questa pandemia, il cambiamento climatico potrebbe essere peggio... Il calo relativamente piccolo delle emissioni di quest'anno rende chiara una cosa: non possiamo arrivare a zero emissioni semplicemente - o anche principalmente - volando e guidando meno".

Con un quasi-monopolio sui media mainstream così come sui social media, la lobby del riscaldamento globale è stata in grado di far assumere a gran parte del mondo che la cosa migliore per l'umanità è eliminare gli idrocarburi, compreso il petrolio, il gas naturale, il carbone, e anche il nucleare "senza carbonio" entro il 2050, per darci la speranza di poter evitare un aumento di 1,5-2 gradi centigradi della temperatura media globale. C'è solo un problema con questo. È una copertura per una tacita agenda criminale.

Origini del "riscaldamento globale

Molti hanno dimenticato la tesi scientifica originale avanzata per giustificare un cambiamento radicale delle nostre fonti energetiche. Non era il "cambiamento climatico". Il clima della Terra è in continuo cambiamento, correlato ai cambiamenti nelle emissioni di brillamenti solari o ai cicli di macchie solari che influenzano il clima della Terra. Al volgere del millennio, quando il precedente ciclo di riscaldamento solare non era più evidente, Al Gore e altri hanno spostato la narrazione con un gioco di prestigio linguistico da "riscaldamento globale" a "cambiamento climatico". Ora la narrazione spaventosa è diventata così assurda che ogni evento meteorologico anormale è trattato come una "crisi climatica". Ogni uragano o tempesta invernale è sostenuto come prova che gli dei del clima stanno punendo noi peccatori emettitori di CO_2.

Ma aspettate. L'intera ragione della transizione verso fonti di energia alternative come l'energia solare o eolica, e l'abbandono delle fonti di energia basate sul carbonio, è la loro affermazione che la CO_2 è un gas serra che in qualche modo sale nell'atmosfera dove forma una coperta che si suppone riscaldi la Terra sottostante. - Il riscaldamento globale. Secondo la U.S. Environmental Protection Agency, la maggior parte delle emissioni di gas serra provengono dalla CO_2. Da qui l'enfasi sulle "impronte di carbonio".

Quello che non viene quasi mai detto è che il CO_2 non può salire nell'atmosfera dagli scarichi delle auto, dalle centrali a carbone o da altre fonti create dall'uomo. L'anidride carbonica non è carbonio o fuliggine. È un gas invisibile e inodore che è essenziale per la fotosintesi nelle piante e per tutta la vita sulla terra, compresi noi. La CO_2 ha un peso molecolare di poco più di 44 mentre l'aria (principalmente ossigeno e azoto) ha un peso molecolare di solo 29. La densità della CO_2 è circa 1,5 volte quella dell'aria. Questo suggerirebbe che lo scarico di CO_2 dai veicoli o dalle centrali elettriche non sale nell'atmosfera a circa 12 miglia o più sopra la Terra per formare il temuto effetto serra.

Per apprezzare l'azione criminale che si sta svolgendo oggi intorno a Gates, Schwab e i sostenitori di un'economia globale presumibilmente "sostenibile", si deve tornare al 1968 quando David Rockefeller e i suoi amici crearono un movimento intorno all'idea che il consumo umano e la crescita della popolazione fossero il problema principale del mondo. Rockefeller, la cui ricchezza era basata sul petrolio, creò il Club Neo-Malthusiano di Roma nella Villa Rockefeller a Bellagio, in Italia. Il loro primo progetto fu quello di finanziare uno studio indesiderato al MIT chiamato The Limits to Growth nel 1972.

Uno dei principali organizzatori del programma di "crescita zero" di Rockefeller nei primi anni '70 era il suo amico di lunga data, un petroliere canadese di nome Maurice Strong, anche lui membro del Club di Roma. Nel 1971, Strong fu nominato sottosegretario delle Nazioni Unite e segretario generale della conferenza della Giornata della Terra a Stoccolma nel giugno 1972. Era anche un fiduciario della Fondazione Rockefeller. (Leggi: "La Società Fabiana: i maestri della sovversione smascherati")

Maurice Strong è stato uno dei primi propagatori chiave della teoria scientificamente infondata che le emissioni prodotte dall'uomo dai veicoli di trasporto, dalle centrali a carbone e dall'agricoltura hanno causato un aumento drammatico e accelerato della temperatura globale che minaccia la civiltà, il cosiddetto riscaldamento globale. Ha coniato il termine elastico "sviluppo sostenibile".

Come presidente della Conferenza delle Nazioni Unite sulla Giornata della Terra a Stoccolma nel 1972, Strong ha incoraggiato la riduzione della popolazione e l'abbassamento degli standard di vita mondiali per "salvare l'ambiente". Pochi anni dopo, lo stesso Strong dichiarò:

"L'unica speranza per il pianeta non è che le civiltà industrializzate crollino? Non è nostra responsabilità far sì che questo accada?

Questa è l'agenda conosciuta oggi come il Grande Reset o l'Agenda 2030 delle Nazioni Unite. Strong ha continuato a creare l'Intergovernmental Panel on Climate Change (IPCC), un organismo politico che avanza l'affermazione non dimostrata che le emissioni di CO_2 prodotte dall'uomo stavano per far precipitare il nostro mondo in una catastrofe ecologica irreversibile.

Il co-fondatore del Club di Roma, il dottor Alexander King, ammise la frode essenziale della loro agenda ambientale alcuni anni dopo nel suo libro, La prima rivoluzione globale. Egli affermò: "Cercando un nuovo nemico che ci unisse, ci siamo fatti l'idea che l'inquinamento, la minaccia del riscaldamento globale, la scarsità d'acqua, la carestia, ecc. avrebbero fatto la differenza... Tutti questi pericoli sono causati dall'intervento umano e solo attraverso atteggiamenti e comportamenti cambiati possono essere superati. Il vero nemico, quindi, è l'umanità stessa".

King ha ammesso che la "minaccia del riscaldamento globale" era solo uno stratagemma per giustificare un attacco all'"umanità stessa". Ora è schierato come il grande reset e lo stratagemma del "Net Zero Carbon".

Disastro dell'energia alternativa

Nel 2011, su consiglio di Joachim Schnellnhuber dell'Istituto di Potsdam per la ricerca sull'impatto climatico (PIK), Angela Merkel e il governo tedesco hanno imposto un divieto totale sul nucleare entro il 2022, come parte di una strategia governativa del 2001 chiamata Energiewende o Svolta energetica, per affidarsi all'energia solare ed eolica e ad altre "rinnovabili". L'obiettivo era di rendere la Germania la prima nazione industriale ad essere "carbon neutral".

La strategia è stata un disastro economico. Da avere uno dei sistemi energetici più stabili e affidabili del mondo industriale, la Germania è diventata il produttore di energia più costoso del mondo. Secondo l'associazione tedesca dell'industria energetica BDEW, al più tardi nel 2023, quando l'ultima centrale nucleare chiuderà, la Germania si troverà di fronte a una carenza di elettricità. Allo stesso tempo, il carbone, la più grande fonte di energia elettrica, viene gradualmente eliminato per raggiungere "Net Zero Carbon". Le industrie tradizionali ad alta intensità energetica come l'acciaio, la produzione di vetro, i prodotti chimici di base, la produzione di carta e di cemento, stanno affrontando un'impennata dei costi e la chiusura o la delocalizzazione e la perdita di milioni di posti di lavoro qualificati. L'eolico e il solare ad alta efficienza energetica costano ora da 7 a 9 volte di più del gas.

La Germania ha poco sole rispetto ai paesi tropicali, quindi il vento è considerato la principale fonte di energia verde. C'è un enorme input di cemento e alluminio necessario per produrre parchi solari o eolici.

Questo richiede energia a basso costo - gas, carbone o nucleare - per produrre. Quando questa viene eliminata, il costo diventa proibitivo, anche senza l'aggiunta di una "carbon tax".

La Germania ha già circa 30.000 turbine eoliche, più di qualsiasi altro paese dell'Unione europea. Le gigantesche turbine eoliche hanno seri problemi di rumore o infrasuoni per la salute dei residenti vicino alle enormi strutture e danni da agenti atmosferici e uccelli. Entro il 2025, si stima che il 25% delle turbine eoliche tedesche esistenti dovrà essere sostituito e lo smaltimento dei rifiuti è un problema enorme. Le aziende vengono citate in giudizio man mano che i cittadini si rendono conto di quanto siano catastrofiche. Per raggiungere gli obiettivi entro il 2030, la Deutsche Bank ha recentemente ammesso che lo stato dovrà creare una "dittatura ecologica".

Allo stesso tempo, la spinta della Germania a porre fine al trasporto a benzina o diesel entro il 2035 in favore dei veicoli elettrici è pronta a distruggere la più grande e redditizia industria tedesca, il settore automobilistico, ed eliminare milioni di posti di lavoro.

I veicoli alimentati da batterie agli ioni di litio hanno una "carbon footprint" totale quando sono inclusi gli effetti dell'estrazione del litio e della produzione di tutte le parti, che è peggiore di quella delle auto diesel. E la quantità di elettricità aggiuntiva necessaria per una Germania a zero emissioni di carbonio entro il 2050 sarebbe molto più grande di quella attuale, perché milioni di caricabatterie avranno bisogno di elettricità di rete con una potenza affidabile.

Ora la Germania e l'UE stanno iniziando a imporre nuove "tasse sul carbonio", apparentemente per finanziare la transizione verso il carbonio zero. Le tasse non faranno altro che rendere l'elettricità e l'energia ancora più costose, assicurando un più rapido collasso dell'industria tedesca.

Spopolamento

Secondo coloro che avanzano l'agenda Zero Carbon, questo è esattamente ciò che vogliono: la deindustrializzazione delle economie più avanzate, una strategia calcolata su diversi decenni come ha detto Maurice Strong, per portare al collasso le civiltà industrializzate.

Riportare l'attuale economia industriale globale a una distopia di calore a legna e mulini a vento, dove i blackout diventano la norma come lo sono oggi in California, è una parte essenziale di una grande trasformazione di reset sotto l'Agenda 2030: UN Global Compact for Sustainability.

Il consigliere della Merkel per il clima, Joachim Schnellnhuber, un ateo, ha presentato l'agenda verde radicale di Papa Francesco, la lettera enciclica Laudato si', nel 2015 come membro della Pontificia Accademia delle Scienze. E ha consigliato l'UE sulla sua agenda verde. In un'intervista del 2015, Schnellnhuber ha detto che la "scienza" ha ormai determinato che la massima capacità di carico di una popolazione umana "sostenibile" è di circa sei miliardi di persone in meno: "In un modo molto cinico, questo è un trionfo della scienza perché abbiamo finalmente stabilizzato qualcosa - cioè le stime della capacità di carico del pianeta, cioè meno di un miliardo di persone."

Per fare questo, il mondo industrializzato deve essere smantellato. Christiana Figueres, collaboratrice dell'agenda del World Economic Forum ed ex segretario esecutivo della Convenzione quadro delle Nazioni Unite sui cambiamenti climatici, ha rivelato il vero scopo dell'agenda climatica delle Nazioni Unite in una conferenza stampa a Bruxelles nel febbraio 2015, dove ha detto: "Questa è la prima volta nella storia che ci siamo posti il compito di cambiare intenzionalmente il modello di sviluppo economico che ha prevalso dalla rivoluzione industriale."

Le parole di Figueres nel 2015 sono riecheggiate oggi dal presidente francese Macron all'"Agenda di Davos" del Forum economico mondiale del gennaio 2021, dove ha detto che "nelle circostanze attuali, il modello capitalista e l'economia aperta non sono più fattibili". Macron, un ex banchiere di Rothschild, ha sostenuto che "l'unico modo per uscire da questa epidemia è quello di creare un'economia che sia più focalizzata sull'eliminazione del divario tra ricchi e poveri." Merkel, Macron, Gates, Schwab e i loro amici lo faranno portando il tenore di vita in Germania e nell'OCSE a quello dell'Etiopia o del Sudan. Questa è la loro distopia a zero carbonio.

Limitare severamente i viaggi aerei, i viaggi in auto, i viaggi delle persone, chiudere le industrie "inquinanti", tutto per ridurre le emissioni di CO_2. È incredibile come la pandemia di coronavirus apra la strada al Grande Reset e all'Agenda 2030 delle Nazioni Unite "Net Zero Carbon".

Il nostro futuro

Il 24 maggio, l'organizzazione "Stop World Control" ha prodotto un film intitolato "The Battle For Humanity" in cui la dottoressa Carrie Madej fa un caso forte che le iniezioni del "vaccino" Covid-19 stanno alterando il DNA umano e facilitando il transumanesimo.

L'organizzazione Stop World Control è stata fondata da David Sorensen, autore, oratore, designer, artista e allenatore. Stop World Control è una piattaforma per le voci di molti guerrieri della libertà che non saranno condotti al macello. È il risultato di una ricerca sincera e di un'osservazione onesta, cercando saggiamente di non cadere nella trappola di teorie cospirative infondate.

Nel film "La battaglia per l'umanità" si dice che: "Il principio attivo del vaccino Moderna che altera il nostro RNA o DNA si chiama "luciferasi".

È un codice per "Lucifer / Erase" l'umanità (Lucifer / Erase)?".

La dottoressa Carrie Madej avverte nel film che le iniezioni di COVID hanno due scopi:

Riprogrammare il nostro DNA per renderci più facili da controllare gli ibridi umani-IA.

Impiantare un Digital Vaccine ID che permetterà un controllo totale su ogni persona.

Il sito web di Stop World Control avverte: "C'è una battaglia che infuria per l'umanità.

La dottoressa Carrie Madej rivela come Big Tech sta collaborando con Big Pharma per introdurre nuove tecnologie nei futuri vaccini che altereranno il nostro DNA e ci trasformeranno in ibridi. Questo porrà fine all'umanità come la conosciamo e inizierà il processo di transumanesimo: HUMAN 2.0

I piani sono di usare i vaccini per iniettare la nanotecnologia nei nostri corpi e connetterci al Cloud e all'intelligenza artificiale. Questo permetterà ai governi corrotti e ai giganti della tecnologia di controllarci, senza che ne siamo consapevoli".

Mentre un numero crescente di scienziati e medici ha messo in guardia sui pericoli delle iniezioni di COVID (come indicato di seguito), il Dr. Madej è unico nello spiegare che il vero scopo delle iniezioni è quello di trasformare gli esseri umani (Umano 1.0) in transumani fusi con intelligenza artificiale (Umano 2.0) senza la nostra conoscenza o consenso. Questa tecnologia sarà usata per controllare ogni persona a livelli mai visti prima.

Il Dr. Madej spiega che stiamo vivendo nel momento più cruciale della storia umana.

Mostra che questa è la terza guerra mondiale, una guerra spirituale della mente, del cuore e dell'anima. Spiega come possiamo vincere ora.

Il Dr. Madej dice di aver appreso nelle riunioni scientifiche e commerciali che c'è un altro programma per includere l'idrogel (nanotecnologia) nei "vaccini" COVID. L'idrogel può inviare e ricevere dati senza fili tramite il telefono. Va attraverso il 5G ad un super computer che lo analizza e può darti una criptovaluta basata sulle tue azioni.

Il dottor Madej riferisce che il 26 marzo 2020 è stato pubblicato il brevetto 060606 di Microsoft. Dice che Microsoft ha brevettato un sistema di estrazione di criptovaluta che sfrutta le attività umane, comprese le onde cerebrali e il calore del corpo quando si eseguono attività online come l'uso di motori di ricerca, chat bot e la lettura di annunci. Questa tecnologia permette alle persone che la controllano di conoscere i reciproci pensieri, emozioni, posizione, se stanno bevendo alcolici, facendo sesso, ovulando, ecc. Nelle riunioni d'affari a cui il Dr. Madej ha partecipato, è stato annunciato che questa tecnologia sarebbe stata presto implementata senza dirlo al pubblico.

Questa è una completa perdita di autonomia e privacy con piani per utilizzare la tecnologia come "polizia predittiva" come in The Minority Report. Nel luglio 2020, Bill Gates ha introdotto l'identificazione digitale in Africa occidentale basata sulla storia delle vaccinazioni. Le persone lì che hanno ricevuto i vaccini COVID hanno idrogel (nanobots) al loro interno. Gates è orgoglioso che questo sia legato alla polizia predittiva. Il Dr. Madej spiega che una volta che questa tecnologia sarà perfezionata in Africa occidentale, andrà in tutti i paesi sviluppati. Bill Gates parla di controllare il comportamento umano in tutto il mondo. Questa è la vera ragione per cui ha insistito che il mondo ricevesse le iniezioni precipitose di COVID - per non proteggere nessuno da una "pandemia mortale".

Il Dr. Madej solleva domande chiave sui "vaccini" COVID nella sua intervista per il documentario Planet Lockdown. Solo nascondendo queste informazioni, milioni di americani si sono offerti volontari per partecipare a questo esperimento senza precedenti, pericoloso e inutile. Vengono iniettati senza il consenso informato richiesto dal Codice di Norimberga. Sfortunatamente, alcune scuole e datori di lavoro stanno forzando queste iniezioni.

Catherine Austin Fitts mostra che la ragione per cui le iniezioni COVID sono chiamate "vaccini" è per consentire loro un'esenzione dalla responsabilità. Inoltre, chiamarli vaccini permette loro di essere rilasciati sotto l'autorizzazione di uso di emergenza che può essere utilizzata solo per i vaccini. Anche se queste iniezioni fossero vaccini, le EUAs per queste iniezioni sono ancora illegali poiché ci sono almeno quattro trattamenti COVID.

Il Dr. Madej mostra che le iniezioni iniettano nanotecnologia per raccogliere dati e creare persone brevettate. Chi le possiede? Dice che la tecnologia inietta biosensori che saranno la base per le criptovalute che le persone otterranno. Le persone "inoculate" saranno collegate all'Internet of Everything dove i loro dati biometrici saranno trasmessi ai supercomputer. Questo è il modo in cui le autorità fanno impiantare impianti nelle persone - senza la loro conoscenza o consenso. Molte persone avrebbero resistito ad un impianto come - Marchio della Bestia - specialmente uno che determina come possono comprare e vendere - perché la Bibbia avverte contro di esso. Quindi, chiamando questa tecnologia un "vaccino", le autorità stanno incoraggiando la gente a farsi chippare. Il Dr. Madej cita l'ID 2020 di Bill Gates, che è un piano per cui ogni persona deve avere un ID.

Così, le politiche "sanitarie" del COVID-19 sono state un cavallo di Troia sfaccettato che la gente ha accolto per salvarla da una "pandemia mortale", ma che non solo paralizza e uccide la gente su vasta scala, ma la rende anche schiava. in molteplici modi. È una campagna basata su un inganno sfaccettato. La dottoressa Madej dice che queste politiche non sono basate su una scienza solida e indicano chiaramente che c'è un'agenda globale che comporta la sorveglianza e il controllo di ogni essere umano. Dice che questo è il massimo della schiavitù perché la tecnologia permette il controllo dei corpi e delle menti.

Il dottor Madej dice che questo è il punto più cruciale della storia umana. Dice: "Se non abbiamo la nostra libertà, cosa abbiamo? Dice che siamo in una grande guerra - la guerra tra il bene e il male e un grande risveglio sta avvenendo ora. "Ci stiamo risvegliando ora a quello che sta succedendo nel mondo da molto tempo: inganno e bugie, oppressione e schiavitù a diversi livelli. La linea è stata tracciata. Da che parte state? Cos'altro c'è se non la libertà e l'amore?"

Il Dr. Madej incoraggia le persone a controllare l'Heart Math Institute, che ha scoperto che l'energia del cuore esce da un metro e mezzo. Quindi questo è probabilmente il motivo per cui il distanziamento sociale costringe le persone a stare a 6 piedi di distanza - per prevenire la connessione cuore a cuore, proprio come le maschere minano le connessioni emotive.

Il dottor Madej dice: "Possiamo migliorare. Dobbiamo ricordare chi siamo. Una volta che lo facciamo, vedremo persone luminose e felici, la Luce che proviene da tutti. Che mondo meraviglioso - ma prima dobbiamo passare attraverso le brutture per vedere ciò che ci ha ipnotizzato, lavato il cervello, oppresso. È difficile, lo sappiamo tutti, ma la cosa buona è che c'è un buon finale. Possiamo tornare al nostro vero sé naturale che è un bellissimo e brillante Essere di Luce. È solo quel piccolo fuoco che dobbiamo accendere in tutti affinché ricordino".

Affari loschi in Europa?

Mentre alcuni europei continuano a resistere alle misure di vaccinazione obbligatoria, un gruppo di parlamentari ha censurato la Commissione per aver permesso alle aziende farmaceutiche di "calpestare la democrazia".
Una delle lezioni più importanti che si imparano nella vita è che non si dovrebbe mai comprare un prodotto prima di aver letto tutte le clausole del contratto. Caveat emptor", come tutti i sudditi dell'Impero Romano capivano istintivamente.

Tuttavia, sembra che pochi burocrati di Bruxelles abbiano comprato ultimamente una casa nuova, un'auto usata o qualche dispositivo di novità, perché è esattamente quello che hanno fatto questi sciocchi maldestri. Nel tentativo di "proteggere la salute dei loro elettori", hanno comprato milioni di lotti di vaccini Covid da varie aziende farmaceutiche senza permettere ai legislatori di dare un'occhiata ai contratti.

Si scopre che intere pagine di questi documenti - le poche che sono state rese pubbliche - sono state pesantemente redatte. Questo ha sollevato più di un sopracciglio nell'Unione europea, e forse nessuno più sorprendente di quello del deputato rumeno Cristian Terhes.

Durante il fine settimana, Terhes è apparso in una conferenza stampa a Bruxelles con diversi altri legislatori europei di questo lato, tutti visibilmente scioccati dalla notizia che sarebbero stati tenuti a presentare, a partire dal 3 novembre, un "pass verde" digitale per entrare in Parlamento. Come molti cittadini europei, questi legislatori hanno rifiutato il vaccino non perché sono "anti-vaccino", ma perché gli sono state negate informazioni critiche sul prodotto e sulle procedure. Ora sarà loro negato l'ingresso in Parlamento, il luogo dove la volontà del loro popolo è (presumibilmente) rappresentata.

Terhes ha rivelato che, già a gennaio, i legislatori dell'UE chiedevano "l'accesso completo ai contratti firmati tra queste aziende che producono i vaccini e l'Unione europea". Dire che i parlamentari erano delusi sarebbe un eufemismo.

Il deputato rumeno, che rappresenta il Partito Nazionale Contadino Cristiano Democratico, ha citato un articolo di Euractiv che riporta: "Il contratto, firmato tra la società farmaceutica CureVac e la Commissione europea nel mese di novembre, è stato reso disponibile ai deputati [il 12 gennaio 2021] in un formato redatto dopo che la società ha accettato di aprire il contratto al controllo".

Questo è davvero mettere il carro davanti ai buoi, perché come può essere aperto al controllo qualcosa che è stato redatto in modo così crudo? Terhes ha denunciato che Bruxelles sta "imponendo un prodotto medico ai cittadini europei senza che essi sappiano cosa c'è in questi contratti". Questo è semplicemente imperdonabile e dovrebbe essere facilmente stroncato anche da un avvocato di terza categoria.

Più sorprendente è che anche i deputati europei non conoscono i dettagli degli accordi.

Per dimostrare il suo punto, il deputato rumeno ha mostrato singole pagine del contratto CureVac, ognuna pesantemente redatta come una sorta di imitazione del "Quadrato nero" dell'artista Kazimir Malevich. La questione non cessa di essere preoccupante quando si analizza quali parti del contratto sono state cancellate. Secondo un'analisi di Euractiv, "il 4,22% della sezione sulla responsabilità e il 15,38% della sezione sull'indennizzo sono stati cancellati, mentre lo 0% della sezione sul trattamento dei dati personali è stato cancellato".

D'altra parte, gli allegati al contratto, che approfondiscono i dettagli dell'accordo, sono stati redatti al 61%. In totale, quasi il 24% del contratto è stato nascosto. Ora fatevi questa semplice domanda: firmereste un mutuo se si scoprisse che manca un quarto dell'accordo? Mi azzardo a dire di no. E nessuno penserebbe che siete "anti-mutuo" o "indecisi sul mutuo" se lo fate.

La verità è che tu, e milioni di altre persone razionali esattamente come te, siete semplicemente "pro-trasparenza". Eppure questi consumatori medici sono trattati come cittadini di seconda classe per aver semplicemente voluto più informazioni prima di accettare di farsi iniettare qualcosa. 'Il mio corpo, la mia scelta' è un grido di battaglia che non si applica più, come milioni di persone stanno scoprendo velocemente, nel clima autoritario di oggi.

Va notato che è sulla base di questi contratti che gli europei devono decidere, sulla base del "consenso informato", che prenderanno "volontariamente" l'iniezione per non essere ostracizzati dalla società educata. A meno che non accettino di prendere uno dei vaccini disponibili, i cittadini europei affrontano la prospettiva di vedersi negato il diritto di lavorare, entrare in un negozio, comprare medicine, portare i figli a scuola e viaggiare liberamente da un paese all'altro.

Naturalmente, questo rende la posta in gioco per non prendere il vaccino incredibilmente alta, ma questo rende solo peggiore il fatto che i dettagli sono deliberatamente nascosti al pubblico. Non è un segreto che i giganti farmaceutici godono di un pieno risarcimento nel caso in cui una persona subisca una morte o una lesione dopo aver ricevuto un'iniezione di Covid. E mentre tali sfortunati eventi sembrano essere rari, anche la Pfizer-BioNTech, che ha ricevuto l'approvazione per estendere la vaccinazione ai bambini dai 12 ai 15 anni nell'UE, sembra non sapere quali possano essere gli effetti a lungo termine dei vaccini.

"Altre reazioni avverse, alcune delle quali possono essere gravi, possono diventare evidenti con un uso più diffuso del vaccino Covid-19 di Pfizer-BioNTech", afferma chiaramente sul suo sito web.

A febbraio, il Bureau of Investigative Journalism ha pubblicato un rapporto incriminante sulla Pfizer, sostenendo che i negoziatori dell'azienda farmaceutica si sono comportati in modo "prepotente" con diversi paesi dell'America Latina. In Argentina hanno chiesto "compensazioni aggiuntive" contro i civili che cercano un risarcimento legale dopo aver subito effetti avversi dai loro vaccini. Negli accordi, la Pfizer assicura che tutta la responsabilità finanziaria per compensare i cittadini danneggiati dalle inoculazioni è del rispettivo governo.

L'azienda gode anche della protezione di accordi di non divulgazione con molti dei suoi clienti nazionali, tra cui la Commissione europea e il governo degli Stati Uniti. Per quanto riguarda l'UE, a Bruxelles è vietato divulgare informazioni che sarebbero "materiali per Pfizer senza il consenso di Pfizer", ha riferito Public Citizen.

In effetti, CureVac è stata piuttosto generosa con la Commissione UE, considerando che era l'unica azienda farmaceutica che accettava di rendere pubblico il suo contratto. Certo, non c'era molto da ispezionare con tutte le riduzioni, ma a caval donato non si può scegliere, giusto?

Alla luce delle continue pressioni su Bruxelles, molte delle quali a porte chiuse, la Commissione europea ha ammesso obliquamente - con quasi un anno di ritardo, e dopo che i diritti e le libertà dei cittadini europei sono